AF536072

Am Lebensende zu sich selbst finden

Am Lebensende zu sich selbst finden

Julia Weber, Daniel Berthold

Julia Weber
Daniel Berthold

Am Lebensende zu sich selbst finden

Methoden zur Stärkung des Selbstzugangs von Schwerstkranken, Angehörigen und Begleitern

Dr. Julia Weber
Institut für Selbstmanagement
und Motivation Zürich
Spin-off der Universität Zürich
Scheuchzerstrasse 21
8006 Zürich
Schweiz
julia.weber@ismz.ch

Dr. Daniel Berthold
Medizinische Klinik V,
Internistische Onkologie und Palliativmedizin
Universitätsklinikum Gießen und Marburg, Standort Gießen
Klinikstraße 33
35392 Gießen
Deutschland
daniel.berthold@innere.med.uni-giessen.de

Bibliografische Information der Deutschen Nationalbibliothek
Die Deutsche Nationalbibliothek verzeichnet diese Publikation in der Deutschen Nationalbibliografie; detaillierte bibliografische Daten sind im Internet über http://www.dnb.de abrufbar.

Anregungen und Zuschriften bitte an:
Hogrefe AG
Lektorat Psychologie
Länggass-Strasse 76
3012 Bern
Schweiz
Tel. +41 31 300 45 00
info@hogrefe.ch
www.hogrefe.ch

Lektorat: Dr. Susanne Lauri
Bearbeitung: Maria Schorpp, Konstanz
Herstellung: Daniel Berger
Umschlagabbildung: Kohei Hara, Getty Images
Gesamtgestaltung, Layout und Illustrationen: Claude Borer, Riehen
Druck und buchbinderische Verarbeitung: Finidr s.r.o., Český Těšín
Printed in Czech Republic

1. Auflage 2020

(E-Book-ISBN_PDF 978-3-456-95972-6)
(E-Book-ISBN_EPUB 978-3-456-75972-2)
ISBN 978-3-456-85972-9
http://doi.org/10.1024/85972-000

Inhalt

Praxisteil B: Professionelle Begleiter in Palliative Care

Für Professor Julius Kuhl, als Dank für seine umfangreiche und inspirierende Forschung zum Selbst.

Für meine Palliative-Care-Teams der Uniklinik Gießen, die schwerstkranken Menschen jeden Tag aufs Neue bewunderswerte Empathie und Fürsorge entgegenbringen.

Geleitwort von Maja Storch

Ich bin so froh, dass dieses Buch geschrieben wurde.

Julia Weber und Daniel Berthold haben sich einer Thematik angenommen, die viele Menschen gerne ausblenden, bis „es soweit" ist. Dabei gehört das alles zum Leben dazu. Werden und Vergehen, Geburt und Sterben, Auftauchen und Abschied nehmen.

Im Prinzip ist jede Geburt auch ein Todesurteil. Was geboren wird, wird auch sterben, das ist gewiss. „Am Lebensende zu sich selbst finden" ist ein behutsames Buch über den Umgang mit dieser Unausweichlichkeit. Schwerstkranke und ihre Angehörigen sind oft hilflos und sprachlos, wenn es um das Sterben geht. Das muss nicht sein.

Auch am Lebensende kann man sich damit befassen, mit welcher Haltung man sich auf die Reise begibt. Es ist möglich, zu jeder Lebensphase eine Haltung einzunehmen. So auch zu der über jemanden hereinbrechenden Nachricht oder zum Wissen, künftig mit einer unheilbaren Krankheit leben zu müssen, die allmählich vom Alltag Besitz ergreifen und ihn immer mehr dominieren wird.

Das Zürcher Ressourcen Modell ist eine Selbstmanagement-Methode, die es ermöglicht, in einem systematischen Verfahren an der eigenen Haltung zu arbeiten. In psychologischer Terminologie spricht man von „Selbstzugang". Angesichts des Endes – sei es des eigenen oder das Ende von jemandem, den wir lieben – ist der Verstand immer überfordert. Helfen kann hier nur ein anderer Teil des psychischen Systems, das Selbst. Von hier aus kann Ruhe kommen, Gelassenheit, Loslassen können, möglicherweise sogar Zuversicht und vertrauensvolles Geschehenlassen. Fachpersonen, die sich im Rahmen der Palliativ Care mit Sterbenden und ihren Angehörigen befassen, können viel darüber erzählen, wie unterschiedlich sich der Aufbruch zur letzten Reise gestalten kann. Sie wissen auch, dass sie in solchen Situationen nicht mit platten Sprüchen aufwarten dürfen und dass billige Worte des Trostes keine echte Seelenresonanz erzeugen. Aber wie kann man helfen? Sich selbst und anderen?

Anhand konkreter Fallbeispiele aus der Praxis erklären Julia Weber und Daniel Berthold gut nachvollziehbar, wie das Zürcher Ressourcen Modell dabei hilft, das Selbst zu aktivieren. Das Selbst kann Wunder vollbringen, die spirituell-religiöse Menschen heiligen Kräften zuschreiben. Aber auch Agnostikerinnen und Agnostiker können Selbstzugang erlangen – und zwar in jeder Situation, egal, wie schwer und unerträglich sie gerade ist.

Ich wünsche mir, dass dieses Buch viele gute Entwicklungen in die Wege leitet, und schicke meine guten Gedanken und Gebete an alle, die sich in den Text vertiefen.

Ich bin so froh, dass dieses Buch geschrieben wurde.

Aach, im Frühjahr 2020
Maja Storch

Vorwort der Autoren

In der Regel erreicht uns das Thema Sterben, solange wir nicht Betroffene sind, nur in entschärfter Form: In den Nachrichten stark abstrahiert und ohne Bezug zum eigenen Leben, in Hollywoodproduktionen – mit Unterhaltungsanspruch – emotional verfälscht und verflacht.

Dass Sie sich mit dem Inhalt dieses Buches auseinandersetzen, mag vielfältige Gründe haben. In jedem Fall aber steht es für Ihre Bereitschaft, eine Nahaufnahme des Themas Sterben zu wagen. Vielleicht befinden Sie sich in einer Situation, in der Sie dem Lebensende auf persönliche Weise sehr nahegekommen sind. Vielleicht ist ein Ausweichen nicht mehr möglich. Vielleicht werden Sie aber auch durch Ihre berufliche Tätigkeit in der Versorgung Schwerstkranker oder durch Ihr ehrenamtliches Engagement im Hospizbereich zur Lektüre veranlasst.

Die Haupthypothese dieses Buches bleibt in jedem dieser Fälle gleich: Eine Nahaufnahme des Sterbens lässt sich in ihrer emotionalen Auswirkung beeinflussen. Und: Wir sind auch starken negativen Emotionen nicht hilflos ausgeliefert. Um in der Metapher des Fotografierens zu bleiben: Es hängt vom Objektiv ab, wie das Motiv eingefangen wird – verschwommen, verzerrt oder gar bedrohlich vergrößert.

Das Zürcher Ressourcen Modell (ZRM; Storch & Krause, 2017) stellt eine Auswahl an Methoden zur Verfügung, die es erlauben, auch dann noch den realistischen Blick beizubehalten oder zurückzuerlangen, wenn das einzufangende Motiv an Bedrohlichkeit kaum zu überbieten ist.

In den praktischen Teilen des Buches werden Sie Gelegenheit haben, diese Methoden am Beispiel verschiedener Protagonisten kennenzulernen. Die Protagonisten gehen in Anlehnung an echte Menschen und Schicksale aus unserer praktischen Arbeit hervor.

Beginnen wird das Buch mit einer Einführung in die Besonderheiten der Situation und der Versorgung Sterbender sowie in wichtige theoretische Grundlagen des ZRM.

Im Praxisteil A unseres Buches geht es um die Anwendung des ZRM bei Sterbenden und ihren Angehörigen. Hier werden Sie einen zusätzlichen Protagonisten kennenlernen, den Psychologen Bruno. Bruno wird in diesem ersten Teil des Buches bei der Arbeit mit Sterbenden und Angehörigen die Methoden des ZRM nutzen.

Die Versorgung Sterbender erfolgt in Teams, die die Pflege, Medizin, Psychologie, Musik- und Kunsttherapie, Soziale Arbeit, Seelsorge sowie Physio-, Ergo- und Logotherapie vertreten. Im Praxisteil B des Buches geht es um die Frage, wie Profis aus all diesen Berufsgruppen die Methoden des ZRM für ihre Arbeit sowie ihr persönliches Selbstmanagement und Wohlbefinden einsetzen können.

Uns ist es wichtig zu betonen, dass wir nicht zwischen Methoden für Betroffene beziehungsweise Angehörige und für professionelle Begleiter unterscheiden. Alle hier vorgestellten Methoden dienen der Aktivierung des Selbst und können von allen genutzt werden. Aus allen drei Bereichen werden wir Beispiele geben, wie mit ZRM-Methoden gearbeitet werden kann, um den Selbstzugang der Personen zu stärken und so die Ressourcen des Selbst für die Belastungen und Bedrohungen der letzten Lebensphase verfügbar zu machen.

Wir wünschen Ihnen beim Lesen nun viele hilfreiche und anregende Impulse, um dem Lebensende mit einem gestärkten Selbst begegnen zu können.

Julia Weber und Daniel Berthold
Luzern und Frankfurt am Main

Das Lebensende als Herausforderung für Schwerstkranke, Angehörige und Begleiter

Mit einer schweren Erkrankung treten große Veränderungen ins Leben. Sowohl aufseiten der Betroffenen als auch aufseiten deren Familien und Angehörigen. Dies gilt insbesondere dann, wenn abzusehen ist, dass die Erkrankung zu einem vorzeitigen Tod des Patienten führt. Denn oft gehen solche Erkrankungsverläufe mit einem vielschichtigen Symptomgeschehen einher. Sterbende Menschen leiden häufig an körperlich stärksten Schmerzen, Luftnot, Übelkeit, Schlaflosigkeit, Unruhe und Erschöpfung (Fatigue). Dazu kommen intensive und schnell wechselnde Gefühlslagen aus tiefer Betrübtheit, Traurigkeit, Verzweiflung, Furcht, Angst, Unsicherheit und Einsamkeit (Block, 2006). Erkrankungen mit infauster Prognose, das heißt, ohne Aussicht auf Heilung, finden sich bei unterschiedlichsten Grunderkrankungen wie etwa Krebserkrankungen, Erkrankungen der Lunge (z.B. COPD) oder neurologischen Erkrankungen (z.B. ALS). Die Erkrankungsverläufe gestalten sich je nach Diagnose ganz unterschiedlich. Dazu kommen vielfältige Themen auf psychosozialer und spiritueller Ebene. Daraus ergibt sich, dass schwerstkranke und sterbende Menschen hochangepasst und engmaschig behandelt und begleitet werden müssen. Im Vordergrund steht dabei nicht die Heilung der Erkrankung, sondern die Linderung von Leiden.

Die Versorgung, die sich auf dieses Ziel spezialisiert hat, heißt Palliative Care beziehungsweise Palliativversorgung. In einem engeren Sinne meint Palliativversorgung vor allem die spezialisierte Palliativversorgung, die bei einem besonders intensiven Versorgungsanspruch zur Anwendung kommt. Palliative Care begegnet den vielfältigen Herausforderungen der neuen Lebenssituation mit einem möglichst multiprofessionell zusammengesetzten Team. Im besten Fall können verschiedene Berufsgruppen wie Pflege, Medizin, Psychologie und Seelsorge bei Bedarf kurzfristig hinzugezogen werden. Im Jahr 2016 fielen von insgesamt 910.000 in Deutschland verstorbenen Menschen 75.000 Menschen in diese Versorgungsgruppe. Dabei verteilen sich Palliativpatienten nicht nur auf Palliativstationen und Hospize. 2016 verstarben allein 25.000 Patienten zu Hause im Rahmen der sogenannten spezialisierten ambulanten Palliativversorgung (SAPV), auf die es in Deutschland seit 2007 einen gesetzlichen Anspruch gibt (Berthold, Gramm, Gaspar & Sibelius, 2017).

Dass es möglich ist, mithilfe einer so intensiven Versorgung im häuslichen Umfeld zu bleiben, ist sicherlich ein Fortschritt der Gesundheitsversorgung. In vielen Fällen entspricht dies dem Wunsch des erkrankten Menschen. Gleichwohl werden Sterbende, und vor allem ihre Angehörigen, zu Hause vor große Aufgaben gestellt: In kürzester Zeit muss eine hochaufwändige Versorgung in den Alltag integriert werden. Neben dem eigenen Gefühlschaos aus Sorge, Angst und Trauer übernehmen Familienmitglieder nahezu alle anfallenden pflegerischen, sozialen und koordinativen Aufgaben. Oft trifft dies die Angehörigen völlig unvorbereitet, denn die Versorgung Schwerstkranker wurde seit Mitte des 20. Jahrhunderts immer mehr in den geschützten Rahmen klinischer Einrichtungen verlegt (Gronemeyer, 2007). Seitdem wird die häusliche Versorgung von Sterbenden nicht mehr von Generation zu Generation weitervermittelt, sodass Familien weder thematisch noch in ihrer Struktur auf die Betreuung eines schwerstkranken Familienmitglieds vorbereitet sind. Angehörige nehmen eine äußerst spannungsreiche Doppelrolle ein. Sie sind caregivers und care-recipients, Hilfegebende und selbst Hilfebedürftige zugleich (Brandstätter & Fischinger, 2012). Studien konnten zeigen, dass pflegende Familienmitglieder psychisch oft stärker belastet sind als die Erkrankten selbst (Preisler & Goerling, 2016).

Auch auf professioneller Seite werden in Palliative Care nicht selten innere Grenzen erreicht. Denn die Begleitenden sind mit äußerst fordernden Themen konfrontiert und tragen zugleich eine hohe Entscheidungsverantwortung. Aufgrund falsch verstandener Nähe kommt es vor, dass mancher Mitarbeiter unter einem sogenannten „Compassion-Burn-out" leidet. Andere wiederum, die sich – vielleicht aus einem Schutzbedürfnis heraus – zu sehr abgrenzen, empfinden Hilflosigkeit und Schwingungsarmut („Ich komme nicht richtig an den Patienten heran"). (vgl. Kapitel: *Professionelle Nähe*, Seite 133)

„Ich bin immer so betrübt in letzter Zeit", klagt eine Krebspatientin ihrer Palliativpsychologin nach monatelangem und entbehrungsreichem Kampf. „Da würde ich gern mal nachhaken und Sie etwas fragen: Welche Gefühlslage würden Sie in Ihrer Situation denn für angemessen halten?", entgegnet die Psychologin. Manchmal sind die unliebsamen Gefühle die „richtigen". Weil sie zur Situation passen. Es geht niemals darum, Angst, Wut oder Traurigkeit einfach wegzuwischen. Gefühle wollen und müssen sich ausdrücken dürfen. Sie wollen vor allem gehört werden – von einem einfühlsamen Gegenüber.

Nun gibt es bei palliativen Erkrankungsverläufen denkbar viele Gründe für negative Gefühlslagen. Meist sind die Auslöser Themen, die sich drei Bereichen zuordnen lassen. Diese Themenbereiche lauten Bewältigung, Entscheidung und Vermittlung (Berthold & Gramm, 2019).

Im Themenbereich Bewältigung geht es darum, dass Patienten und Angehörige „mit etwas konfrontiert sind, mit dem sie umgehen müssen". Dies können äußere, aber auch innere Ereignisse oder Widerfahrnisse sein, die jeweils danach drängen, bewältigt zu werden – oder ab einem gewissen Punkt: akzeptiert zu werden.

Im Themenbereich Entscheidung stehen Entscheidungen bevor, die aktiv getroffen werden müssen. Bei schwerer Erkrankung sind Entscheidungen oft weichenstellend und folgenreich. Manches Mal sind sie auch unumkehrbar. Besonders herausfordernd werden Entscheidungen auch dann, wenn eine Familie in der Verantwortung steht, stellvertretend für ihren Angehörigen entscheiden zu müssen.

Der dritte Themenbereich ist die Vermittlung. Hierunter fallen alle Themen, in denen es darum geht, dass Konflikte zwischen Menschen bestehen oder dass Kommunikation nicht gelingt. Gelingende Kommunikation ist am Lebensende keineswegs selbstverständlich. Missverständnisse können in der Kommunikation zwischen den Betroffenen und professionellen Begleitpersonen auftreten, aber auch in der Kommunikation zwischen Sterbenden und Angehörigen selbst.

Am Lebensende gibt es also eine Vielzahl sehr realer Belastungen und Bedrohungen. Dennoch sollte genau hingeschaut werden! Sind es gut nachvollziehbare Ängste und Sorgen, die Patienten und Angehörige zu einer „sinnvollen" vorübergehenden Alarmbereitschaft verhelfen? Etwa wenn ein Patient berichtet, er leide unter schlaflosen Nächten, da eine schwierige Operation kurz bevorsteht.

Oder werden Patienten und Angehörige zu Hauptdarstellern eines Horrorfilms ohne die Möglichkeit, den Kinosaal zu verlassen? Schwerstkranke Menschen und ihre Angehörigen kennen die Situation nur allzu gut: Sie rutschen ab in Gefühlszustände, die sie nicht mehr beeinflussen können. Patienten bestätigen auf Rückfragen oft, dass sie sich wie in einem schlechten Film fühlen, aus dem sie aus eigenen Kräften nicht mehr aussteigen können. Psychologen sprechen in diesem Zusammenhang von „Regression". Man schrumpft auf einen Zustand der Hilflosigkeit zusammen. Das hat damit zu tun, dass Menschen während ihrer Erkrankung emotional labiler sind als in der Zeit, als sie gesund waren. Ähnlich geht es ihren Angehörigen.

Die psychische Spannkraft ist reduziert. So genügen oft geringste Auslöser, sogenannte „Trigger“, die bei den Betroffenen direkt auf der Gefühlsebene wirken und ein inneres Szenario des Schreckens auslösen. Eine Palliativpatientin mit starker Luftnot berichtete einmal davon, dass sie immer dann in „ihr Loch“ falle, wenn sie ihrem Hund dabei zuschaue, wie dieser sich in sein Körbchen begebe, um sich eng in seine geliebte Hundedecke einzuwickeln. Das bloße Beobachten des Sich-Einwickelns löste bei der Patientin starke Beklemmungen aus.

Wenig Sinn macht es, in solchen Fällen zu empfehlen: „Sieh’ doch nicht alles so negativ!“ Denn das Denken und die Aufmerksamkeit sind nicht ohne Weiteres dem Willen unterworfen (Kuhl, 2001). In gewissen Situationen sind diese Prozesse nicht mehr willentlich steuerbar, sondern folgen ihrer eigenen Logik. Es braucht hier also andere Strategien.

Richtig ist allerdings, dass die Gefühlslage einen großen Einfluss auf Aufmerksamkeits- und Denkprozesse hat – und diese wiederum auf die Wahrnehmung der Wirklichkeit: „In einem negativen Befindenszustand […], z.B. bedingt durch intensives Bedrohungsempfinden, erlebt sich der Patient insgesamt als verändert, achtet anders auf seine Umwelt und denkt anders als in einem positiven Befindenszustand ohne Bedrohung bzw. ohne Bedrohungsempfinden“ (Kusch, Labouvie & Hein-Nau, 2013, S. 78). Ereignisse werden schneller als bedrohlich eingestuft, was die Alarmbereitschaft erhöht, was wiederum dazu führt, dass Ereignisse schneller als bedrohlich eingestuft werden. Es kann also zu einer regelrechten Abwärtsspirale kommen.

Hält ein solcher Befindenszustand über einen längeren Zeitraum an, so kann es passieren, dass sich die negative emotionale Lage auf diesem neuen Niveau einpendelt – sie „chronifiziert“ sich. Patienten und Angehörige geraten dann allmählich in eine innere Entfremdung zu sich selbst. Sie stehen wie neben sich.

Das Lebensende geht mit einer großen Fülle an Gefahren einher, die dazu führen können, aus dem Selbst zu fallen. Leider können Schwerstkranke - anders als gesunde Menschen - nicht einfach den Kontext wechseln und sich in eine gute Umgebung „retten". Ebenso wenig geht dies für die stark eingebundenen Angehörigen.

Es ist aber möglich, die guten Kontexte ein Stück weit an sich heranzuholen - mithilfe von Methoden, die den Selbstzugang stärken (Weber & Storch, 2017). Denn auf dieselbe Weise, wie Trigger in der Lage sind, einen schlechten Film in Gang zu setzen, können sie dazu eingesetzt werden, den Film zu stoppen und zu einem kraftvollen Kontakt mit sich selbst und seiner Lebensrealität zurückzufinden. Die Abwärtsspirale der Selbstentfremdung lässt sich durch den Zugang zu den eigenen Bedürfnissen und Gefühlen unterbrechen. Wie dies ermöglicht werden kann, beschreiben wir in den folgenden Kapiteln.

Teil I

Theoretische Grundlagen des Zürcher Ressourcen Modells

Das Zürcher Ressourcen Modell (ZRM) wurde in den 1990er Jahren von Dr. Maja Storch und Dr. Frank Krause an der Universität Zürich entwickelt (Storch & Krause, 2017). Es ist ein ressourcenorientiertes Selbstmanagementtraining, das mittlerweile in den verschiedensten Bereichen des menschlichen Lebens (privat und beruflich) eingesetzt wird, um Menschen dabei zu unterstützen, die eigenen Gefühlen zu regulieren und neue Handlungskompetenzen aufzubauen. Es handelt sich um ein niederschwelliges Angebot, das sowohl im Coaching- und Trainingsbereich als auch im therapeutischen Setting angewendet wird.

Das ZRM arbeitet psychoedukativ, was bedeutet, dass nicht nur die coachende beziehungsweise therapierende Person das theoretische Fundament des ZRM kennt. Auch den Klienten und Patienten selbst wird das Hintergrundwissen des ZRM vermittelt. Auf diese Weise sind die Klienten und Patienten in der praktischen Anwendung vom Coach beziehungsweise Therapeuten unabhängig, was ein wichtiger Faktor für die Erzeugung und Erhöhung der Selbstwirksamkeit ist.

Eine weitere wichtige Säule des ZRM ist die wissenschaftliche Beforschung der Methode. Am Institut für Selbstmanagement und Motivation Zürich werden in Kooperation mit verschiedenen Universitäten und Hochschulen wissenschaftliche Studien zur Wirksamkeit dieser Methode in den verschiedensten Bereichen durchgeführt. Interessierte Leserinnen und Leser erhalten einen Einblick in die ZRM-Forschung unter www.zrm.ch/universitaere-arbeiten.

Wir empfehlen Ihnen, sich von dem Wort Theorie nicht abschrecken zu lassen. Die Theorie stellt ein wichtiges Fundament der ZRM-Methoden dar, die in den praktischen Teilen des Buches vorgestellt werden. Wir haben uns darum bemüht, auch diesen Teil für jedermann gut lesbar zu gestalten.

Zwei Systeme: Der Verstand und das Unbewusste

Jeder Mensch hat in seinem Gehirn zwei Systeme, die uns zur Verfügung stehen, um im Leben Entscheidungen zu treffen und dementsprechend zu handeln. Diese beiden Systeme unterscheiden sich stark in ihren Arbeitsweisen, die auf hirnanatomisch verschiedenen Strukturen und Lagen beruhen (LEDOUX, 2016). Dank bildgebender Verfahren wie Hirnscan oder Magnetresonanztomographie ist es möglich, die beiden Systeme des Gehirns sichtbar zu machen und zu unterscheiden. Der Verstand liegt in der Außenrinde des Gehirns, dem sogenannten präfrontalen Cortex. „Der Cortex gilt als Entstehungsort von allem, was nach üblicher Meinung uns Menschen zu Menschen macht, nämlich Bewusstsein, Denken, Vorstellen, Erinnern, Handlungsplanung und Sprache" (ROTH & RYBA, 2016, S. 95). Sind Aktivitäten im Cortex zu verzeichnen, so sind diese bewusstseinsfähig. Die Person kann dann Auskunft über ihre Gedanken und Gefühle geben.

Das Unbewusste wird in einem aus Sicht der Evolution sehr alten Hirnteil lokalisiert. Es ist ein ausgedehntes Netzwerk von kleineren und größeren Hirngebieten, die mit Gefühlen zu tun haben. Diese Hirngebiete werden auch als limbisches System bezeichnet (LEDOUX, 2016). Der deutsche Hirnforscher Gerhard Roth beschreibt das limbische System als „Entstehungsort von Affekten, Gefühlen, Motiven, Handlungszielen, Gewissen, Empathie, Moral und Ethik, und damit diejenige Instanz, die weitgehend unsere Persönlichkeit bestimmt einschließlich unseres individuell-egoistischen und sozialen Handelns“ (Roth & Ryba, 2016, S. 129).

In der Psychologie werden diese beiden Systeme seit Jahrzehnten untersucht, und deren unterschiedliche Funktionsweisen sind bereits gut erforscht. Die Unterscheidung eines bewussten und eines unbewussten Systems zur Erklärung von psychologischen Phänomenen findet sich in mehreren psychologischen Modellen wieder, wobei die beiden Systeme je nach Modell, Theorie und Schule unterschiedlich benannt werden. In unserem Buch haben wir uns für die Begriffe Verstand und Unbewusstes beziehungsweise Selbst entschieden. Folgende Abbildung gibt einen Überblick über die Unterschiede der beiden Systeme.

	Verstand	**Unbewusstes / Selbst**
Verabeitungsmodus	bewusst	unbewusst
Geschwindigkeit	langsam	schnell
Kommunikationsmittel	Sprache	somatische Marker (Gefühle)
Informationsverarbeitung	seriell	parallel
Zeithorizont	Zukunft	Hier und Jetzt
Bewertung	richtig / falsch	mag ich / mag ich nicht

Der Verstand

Das eine System ist der Verstand, der allen bekannt ist. Mit dem Verstand können wir Aufgaben planen und zeitliche Abläufe berechnen. Wenn der Verstand arbeitet, ist uns dieser Vorgang bewusst. Haben wir mit dem Verstand etwas begriffen, so sind wir in der Lage, darüber mittels Sprache Auskunft zu geben. Wir können dann sagen: Ich habe mich für XY entschieden, weil.... Bis der Verstand jedoch die Bewertung einer Situation oder einer Sache abgeschlossen hat und die Entscheidung für ein bestimmtes Handeln vorschlägt, kann einige Zeit vergehen. Der Verstand arbeitet relativ langsam. Im schnellsten Fall vergehen 900 Millisekunden, bis er etwas begriffen hat. Es können aber auch Stunden, Tage oder Wochen vergehen, bis ihm klar ist, wie sein durchdachter Vorschlag lautet. Informationen werden von diesem System seriell, also in einer bestimmten Reihenfolge bearbeitet. Dieser Verarbeitungsmodus wird durch die Aufforderung klar, gleichzeitig zwei Gedanken zu denken. Das geht nicht. Der Zeithorizont des Verstandes befindet sich in der Zukunft. Mit seiner Hilfe sind Menschen beispielsweise in der Lage, Geld auf die Seite zu legen oder zum Zahnarzt zu gehen. Seine Bewertung erfolgt nach den Kriterien: Was ist richtig und was ist falsch. Das kann sich auf sachliche Richtigkeit beziehen, aber ebenso auf moralische Richtigkeit (KUHL, 2001). Bei beiden spielen kulturelle Übereinkünfte sowie soziale und gesellschaftliche Normen eine wichtige Rolle. Diese Regeln sind gelernt und unterscheiden sich damit von Familie zu Familie, von Dorf zu Dorf, von Stadt zu Stadt und von Land zu Land. Was als richtig und was als falsch angesehen wird, ist nicht universell und objektiv gültig. Sätze wie „Das macht man nicht" deuten darauf hin, dass soziale Regeln eines Systems nicht befolgt werden.

Das Unbewusste beziehungweise das Selbst

Das andere System ist das Unbewusste. Dieses System erledigt seine Aufgaben im Verborgenen, sodass wir davon kaum etwas mitbekommen. Wie sein Name schon sagt, arbeitet es unbewusst und ist dabei extrem schnell. Es passiert etwas, und innerhalb von 200 Millisekunden ist eine Bewertung aus dem Unbewussten da. Diese Reaktionszeit konnte in Studien nachgewiesen werden (Ferguson & Porter, 2009). Im Moment ihres Entstehens lässt sich diese Bewertung allerdings noch nicht in Sprache fassen. Vielmehr kommuniziert das Unbewusste seine Bewertungen über die sogenannten somatischen Marker (Damasio, 2003). Somatische Marker sind diffuse Gefühle und/oder Körperempfindungen, die im Alltag oftmals schlicht als Gefühle bezeichnet werden und Negatives und Positives im wahrsten Sinne des Wortes „markieren". Negativ markieren würde das Unbewusste vielleicht über ein mulmiges Gefühl im Bauch oder eine Enge in der Brust, positiv markieren vielleicht über eine Freude im Herzen oder ein Gefühl der Leichtigkeit. Über diese Signale also kommentiert das Unbewusste unsere Erfahrungsinhalte. Generiert werden diese Kommentare aus sämtlichen Lebenserfahrungen, die wir bereits in unserem Leben zu einem Thema gesammelt haben. Die Informationsverarbeitung dieses Systems erfolgt nicht seriell, sondern parallel. Das Unbewusste ist damit in der Lage, gleichzeitig sehr viele Informationen aus der Innen- und Umwelt zu verarbeiten und daraus eine Bewertung im Zeithorizont „Hier und Jetzt" zu bilden. Es hat evolutionsbiologisch die eine große Aufgabe: uns möglichst sicher und wohlbehalten durch das Leben zu führen und dabei das momentane individuelle Wohlbefinden im Auge zu haben. Die unbewusste Bewertung erfolgt dementsprechend nach „mag ich" und „mag ich nicht" – was ist gut für mich und mein Wohlbefinden, und was ist schlecht für mich und mein Wohlbefinden? Diese Bewertungen können den Bewertungen des Verstandes auch manches Mal widersprechen.

Die westliche Welt ist stark verstandesgeprägt, was historisch in der Zeit der Aufklärung begründet ist. René Descartes legte mit seinem Satz „Ich denke, also bin ich“ einen wichtigen Grundpfeiler für die Funktionsweise unserer abendländischen Gesellschaft. Das Schulsystem und die Arbeitswelt sind auf die Betonung und Arbeitsweisen des Verstandes ausgerichtet. Gefühle werden oftmals unterdrückt und als hinderlich angesehen. Daher haben viele Menschen einen „Nachholbedarf“ im Umgang mit dem Unbewussten und den Gefühlen. Sie haben einen verminderten Zugang zu ihrem Gefühlsleben, letztlich, damit die Erwartungen der Gesellschaft erfüllt werden können, ohne fortwährend inneren Konflikten ausgesetzt zu sein. Psychologen sprechen in diesem Fall auch von einem „schlechten Selbstkontakt“, der über die Zeit in ein Burn-out-Syndrom münden kann.

Ein wichtiger Teil des Unbewussten ist das Selbst. Als Selbst gilt der Teil des Unbewussten, „der sich auf die eigene Person bezieht, mitsamt all ihren Bedürfnissen, Ängsten, Vorlieben, Werten und bisherigen Erfahrungen“ (Storch & Kuhl, 2012, S. 31). Aufgrund seiner parallelen und ganzheitlichen Verarbeitungsform ist es ein wahres Wunder an Hochleistung. Anders als der Verstand kann es unzählige Einzelaspekte gleichzeitig berücksichtigen. Besonders wichtig wird es daher beim gegenseitigen Verstehen von Menschen: Was hat der Blick, was hat die Stimmlage meines Gegenübers für mich zu bedeuten? Derartige Fragen beantwortet das Selbst schneller und umfassender, als der Verstand mit seinem logisch-ordentlichen Vorgehen je imstande dazu wäre. „Wahrscheinlich hat sich dieses System in der Menschheitsgeschichte speziell für den Umgang mit Menschen – einschließlich sich selbst – entwickelt“ (Storch & Kuhl, 2012, S. 31).

Nun stellt sich vielleicht die Frage, ob es dieses Selbst wirklich gibt und ob es im Gehirn einen Ort gibt, wo dieses Selbst anzusiedeln ist. Hierzu möchten wir von einem wissenschaftlichen Experiment berichten (KEENAN, NELSON, O'CONNOR & PASCUAL-LEONE, 2001). Den Versuchsteilnehmenden wurde vorübergehend die rechte oder die linke Seite des Gehirns, Hemisphäre genannt, betäubt. Dies geschah, indem Natriumamobarbital entweder in die linke oder rechte Halsschlagader injiziert wurde. Danach wurden den Versuchspersonen sogenannte „gemorphte" Bilder von Personen gezeigt. In diesem Experiment wurde in den gemorphten Bildern zwei Personen vermischt. Die eine Person war immer die Versuchsperson selbst, also das eigene Gesicht, die andere Person war eine bekannte Persönlichkeit wie beispielsweise Bill Clinton. Die Versuchsperson sollte dann die einfache Frage beantworten: Sind Sie das auf dem Foto oder ist das eine Ihnen bekannte Person? War die rechte Hemisphäre betäubt, so erkannten die Versuchspersonen überwiegend die bekannte Person. War die linke Seite betäubt, so erkannten sie mehrheitlich sich selbst. Man braucht also die rechte Hirnhälfte, um sich selbst zu erkennen. Aus zahlreichen Forschungen ist bekannt, dass die rechte Hemisphäre des Gehirns maßgeblich für die Selbstwahrnehmung zuständig ist und dass diese gerade nicht bewusstes Erkennen, sondern eher unbewusste Informationsverarbeitung vermittelt (KUHL, QUIRIN & KOOLE, 2015). Hier also befindet sich das Selbst.

Funktionen des Selbst

In diesem Buch hat das Selbst eine ganz besondere Bedeutung, weshalb wir uns an dieser Stelle noch etwas näher mit seinen Funktionen beschäftigen. Einer der führenden Wissenschaftler zur Erforschung des Selbstsystems ist Professor Julius Kuhl, auf dessen Erkenntnissen die nachstehenden Ausführungen beruhen (KUHL, 2001, 2005, 2010). Im darauffolgenden praktischen Teil dieses Buches werden Übungen vorgestellt, die den Zugang zum Selbst verbessern und die der Stärkung der Selbstfunktionen dienen.

Gefühle wahrnehmen und regulieren

Das Selbst ist stark mit den Gefühlen und den grundlegenden Körperfunktionen, dem sogenannten autonomen Nervensystem, vernetzt (KUHL et al., 2015). Auf diese Weise ist es in der Lage, die Wahrnehmung von Körper und Gefühlen in seine Aktivität miteinzubinden. Positive Gefühle kommen auf, wenn ein Bedürfnis befriedigt wird, negative Gefühle kommen auf, wenn ein Bedürfnis nicht befriedigt wird oder die Gefahr besteht, dass ein Bedürfnis verletzt wird. Wie aber erfährt das Selbst von der positiven oder negativen Bewertung?

Für den Hirnforscher Antonio Damasio dienen dazu die bereits genannten somatischen Marker. Damasio sieht in der ganzen Bandbreite an möglichen positiven und negativen Gefühlen immer Markierungen mit der Botschaft: Dies betrifft mich! Sobald im Geistesstrom Inhalte auftauchen, die das Selbst betreffen, lösen sie die Entstehung eines Markers aus, der als Bild abgespeichert wird. „Diese Gefühle ermöglichen die Unterscheidung zwischen Selbst und Nicht-Selbst" (DAMASIO, 2011, S. 21).

Damasio fand in seinen Untersuchungen Weiteres heraus. Die somatischen Marker sind auch für selbstbestimmte Entscheidungen, vorausliegende Ereignisse, wichtig. Positive somatische Marker des Körpers zeigen wie Wegweiser oder Markierungspunkte an, mit welchen Situationen oder Handlungsmöglichkeiten jemand auch bisher schon gute Erfahrungen gemacht hat, während negative somatische Marker vor wenig hilfreichen oder sogar gefährlichen Situationen warnen. Solche Wegweiser sind für die Orientierung in einem riesigen Netzwerk wie dem Selbst, das alle persönlich bedeutsamen Erfahrungen integriert, unverzichtbar. Auf somatische Marker zu achten, ermöglicht, im Netzwerk des Selbst immer die Erfahrung zu finden, die in der aktuellen Situation am besten helfen kann, oder Verhaltensweisen zu vermeiden, die irgendwann schon einmal geschadet haben. Man spricht deshalb auch davon, dass Gefühle „Bedürfnisschicksale" anzeigen.

Das Selbst verfügt über die Fähigkeit, die eigene Gefühlswelt zu regulieren, ohne dass dazu eine andere Person benötigt wird. Die Selbstregulation von Gefühlen hilft dabei, unangenehme, schmerzende, belastende oder gar krank machende Gefühle loszuwerden. Diese Fähigkeit wird Selbstberuhigung genannt und bezeichnet die Herabregulation von negativen Gefühlen wie beispielsweise Angst, Wut oder Verzweiflung. „Durch die Anbindung an die Gefühle und an das autonome Nervensystem kann das Selbst Gefühle wahrnehmen und beeinflussen" (STORCH & KUHL, 2012, S. 41).

Dass jemand seine Gefühle gut wahrnehmen kann, garantiert (leider) noch nicht automatisch, dass er sie auch regulieren kann. Für die Selbstregulation von Gefühlen muss die Verbindung vom Selbst zu den Gefühlen, die im limbischen System angesiedelt sind, gestärkt werden (Kuhl et al., 2015). Bei der Selbstberuhigung geht es nicht darum, dass negative Gefühle ausgeblendet, ignoriert oder unterdrückt werden. Psychologisch würde man sagen, dass diesen Gefühlen nachgespürt wird und dass sie einen inneren Platz bekommen. Dies erzeugt wiederum ein Gefühl von Ruhe und Gelassenheit.

Da das Selbst seiner Arbeit weitgehend unbewusst nachkommt, hilft es meist nicht, wenn man einem ängstlichen Menschen erklärt, dass er keine Angst zu haben braucht. Wenn es nur so einfach wäre, sich Kraft seines Willens gegen die Angst entscheiden zu können. Vielversprechender ist es dagegen, eine bewusste Instruktion, die mit dem Verstand „verstanden“ wurde, in eine gefühlte Instruktion zu verwandeln und an das Selbst zu schicken. Aus diesem Grund werden im therapeutischen Setting zunehmend indirekte Methoden eingesetzt, die das Selbst besser erreichen können als direkte Instruktionen.

Innere Sicherheit spüren und Sinn erleben

Das Selbst hat die Fähigkeit, auch bei schwierigen Erfahrungen immer wieder auf die eigenen positiven Kräfte zu vertrauen. Dies wird innere Sicherheit genannt. Es ist die Fähigkeit, sich darauf zu verlassen, dass angstmachende oder schmerzliche Situationen überwindbar sind und irgendwann bewältigt werden können. Die tiefste Quelle der inneren Sicherheit ist der zuversichtliche Kontakt mit den eigenen Bedürfnissen, das Gespür dafür, was man wirklich braucht. Eine Person, die deutlich spürt, was sie braucht, und dies auch ausdrücken kann, weiß, wer sie ist. Innere Sicherheit wird durch das Einüben von Selbstwahrnehmung und Selbstausdruck gestärkt.

Die innere Sicherheit ist auch entscheidend bei Kontrollüberzeugungen wie Selbstwirksamkeit und Kohärenz. Selbstwirksamkeit ist die Überzeugung, dass man sich zutraut, notwendige Handlungen auch wirklich auszuführen. Kohärenzgefühl bedeutet, dass man sich und die eigene Erfahrungswelt als ein zusammenhängendes, mit Sinn erfülltes Ganzes erlebt. Nur das Selbst ist in der Lage, durch die Selbstregulation Überblick über die eigenen Bedürfnisse zu haben und Sinn zu stiften (Kuhl, 2005, 2006).

Überblick über die aktuelle Situation erlangen

Durch die Fähigkeit der Parallelverarbeitung kann das Selbst unzählig viele Informationen gleichzeitig berücksichtigen und dadurch sehr viele Gesichtspunkte intuitiv miteinbeziehen, und dies in Bruchteilen einer Sekunde. Diese Art der Informationsverarbeitung ermöglicht eine intelligente Form von Intuition, bei der man an alles „denken“ kann, ohne an alles denken zu müssen (Storch & Kuhl, 2012). Was bedeutet die Parallelverarbeitung für das Selbst? Die vielleicht wichtigste Auswirkung der Parallelverarbeitung können wir mit dem Sowohl-als-auch-Prinzip beschreiben. Entscheidungen, die mit dem Selbst gefällt werden, beruhen nicht auf einem Entweder-oder-Blick, der entweder nur das Gute oder nur das Schlechte sieht. Das Sowohl-als-auch-Prinzip beruht auf einer großen Offenheit für Erfahrung. Alle Erfahrungen, alle inneren Stimmen, alle Seiten meiner eigenen oder einer anderen Person können gleichzeitig berücksichtigt werden.

Dafür sorgt das parallele Netzwerk, das sehr viele Gesichtspunkte gleichzeitig „auf dem Schirm hat". Mit der Parallelverarbeitung ist viel rascher und leichter eine Lösung gefunden, die alle Interessen zugleich berücksichtigt. Dies ist die Voraussetzung für die integrative Kompetenz und das enorme Konfliktlösungspotenzial des Selbst. Im Vergleich zur Verstandeslogik, die immer nur Schritt für Schritt arbeitet, sind die Entscheidungen des Selbst robuster. In einer logischen Gedankenkette braucht nur ein Schritt zu fehlen oder fehlerhaft zu sein, um einen kompletten Misserfolg auszulösen. Die Parallelverarbeitung bringt dagegen auch bei lückenhafter Information Annäherungslösungen. Praktisch bedeutet das, dass man bei aktiviertem Selbst sogar dann nicht in Hilflosigkeit versinken muss, wenn nicht alle relevanten Informationen vorliegen (KUHL, 2005).

Die Aufmerksamkeitsform des Selbst ist nicht eng fokussiert, sondern wirkt in die Breite. Sie beschränkt sich nicht nur auf den aktuellen Handlungskontext, sondern überwacht sämtliche persönlich relevanten Informationen. Wenn mir etwas wichtig ist, dann sucht das im Hintergrund aktive Selbst die Umgebung ständig danach ab, ob irgendetwas zu meinem Anliegen passt. Das alles geschieht unbewusst. Ich kann mit dem Verstand meinem ganz normalen Tagwerk nachgehen und es dem Selbst überlassen, persönlich relevante Dinge und Informationen aus der Umgebung aufzuspüren. Diese Aufmerksamkeitsform wird Vigilanz oder auch Wachsamkeit genannt, um auszudrücken, dass sie nicht einfach auf alles Mögliche achtet, sondern die Umgebung gezielt überwacht. STORCH und KUHL (2012) vergleichen diese Aufmerksamkeitsform mit einem inneren Schutzengel, der einen ständig begleitet und einen sofort weckt, wenn in einer Situation irgendetwas persönlich relevant ist.

Entscheidungen treffen und Lösungen finden

Das Selbst arbeitet mit der sogenannten Feedbackverwertung. Damit ist die Fähigkeit des Selbst gemeint, die Auswirkungen des eigenen Handelns auf der Basis von körperlich gespürten Rückmeldungen, den somatischen Markern, auszuwerten. Die Verarbeitung der Rückmeldung beginnt bereits mit der Ausführung der Handlung. Die Feedbackverarbeitung erfolgt auf Körperbasis. Das Selbst hilft uns, auch ganz schwierige und schmerzhafte Erlebnisse dadurch zu relativieren, dass sie in das große Netzwerk von relevanten persönlichen Erfahrungen eingebunden werden, bei denen fast immer auch einige positive oder sinnstiftende Erfahrungen dabei sind (Kuhl, 2001, 2005).

Man ringt sich nach langem Abwägen zu einer Entscheidung durch, ist im Nachhinein aber doch nicht ganz glücklich mit ihr. Solche Nachentscheidungskonflikte beruhen oft darauf, dass man nicht alles Wichtige berücksichtigt hat, weil man die Entscheidung einseitig mit dem logisch denkenden Verstand gefällt hat. Die Entscheidung dauert dann nicht nur viel länger, sondern es findet sich auch nicht so leicht eine Lösung, die allen relevanten Kriterien und allen beteiligten Personen gerecht wird. Das riesige Netzwerk persönlicher Erfahrungen aus ähnlichen Situationen kann mir viel mehr Ideen über mögliche Lösungswege vermitteln, als es der reine Verstand zu generieren vermag. Das Selbst ermöglicht nicht nur eindeutige und stabile Entscheidungen, sondern gleichzeitig auch eine enorme Flexibilität. Ändern sich die Voraussetzungen für eine getroffene Entscheidung, werden die neuen Bedingungen ins parallele Netzwerk eingespeist. So kann schnell eine neue Entscheidung getroffen werden.

Bereits in den vorangegangenen Abschnitten wurde immer wieder auf die Rolle des Selbst beim Thema „Entscheidungen“ hingewiesen. Viele Menschen sind der Meinung, dass es richtige und falsche Entscheidungen gibt. Dies ist jedoch nicht immer der Fall. Insbesondere die Psychologie und Gehirnforschung haben sich damit intensiv beschäftigt. Beide Fachrichtungen sind sich darin einig, dass auf theoretischer und praktischer Ebene zwischen zwei Arten von Entscheidungen und deren unterschiedlichen Bearbeitungsweisen unterschieden werden muss (Storch, 2011):

- **Entscheidungstyp 1:** Entscheidungen, für die einfach und klar die „richtige" Lösung ermittelt werden kann. So etwa Fragen, bei denen von Anfang an eindeutig feststeht, was die richtige und was die falsche Antwort ist. Dabei handelt es sich um angesammeltes Wissen, das angezapft wird. Fragen aus einer Quizsendung oder einem Kreuzworträtsel gehören in diese Kategorie. Ist das Wissen vorhanden, kann die richtige Entscheidung beziehungsweise die Entscheidung für die richtige Antwort getroffen werden. Auch bei einem Schachspiel ließe sich exakt errechnen, bei welchem Zug sich die oder der Spielende falsch entschieden hat und in der Folge schachmatt gesetzt wurde. Es gibt hier einen logischen Entscheidungsweg.

- **Entscheidungstyp 2:** Entscheidungen, bei denen kein eindeutiges Richtig und Falsch gibt. Diese Entscheidungen betreffen Weichenstellungen im menschlichen Leben in Situationen, bei denen niemand hundertprozentig sicher vorhersagen kann, wie die Dinge sich weiterentwickeln. Sie finden in komplexen dynamischen Systemen statt, die sich selbstorganisierend verhalten. Diese Art von Fragen erfordert einen anderen Umgang mit Entscheidungen. Ob der richtige Partner geheiratet, das richtige Studium gewählt, sich für die richtige medizinische Behandlung entschieden oder das eigene Kind auf die richtige Schule geschickt wurde, das kann kein Professor der Welt bescheinigen.

Oftmals haben Menschen die Erwartung, bei Entscheidungstyp 2 die „richtige“ Entscheidung nach logischen Prinzipien treffen zu können. Ein Beispiel für ein solches Vorgehen wäre, dass man Pro- und Kontra-Listen erstellt, die Ergebnisse auszählt und sich für die Liste mit der höchsten Punktezahl entscheidet. In manchen Fällen kann das durchaus sinnvoll und angebracht sein. Allerdings sollte man sich dessen bewusst sein, dass die lebendigen inneren Bedürfnisse so zwangsweise in den Hintergrund rücken. Aus diesem Grund eignet sich die verstandesgeleitete Strategie nur beim Entscheidungstyp 1.

Für den Entscheidungstyp 2 empfiehlt Maja Storch (2011), nicht von richtigen Entscheidungen, sondern lieber von klugen Entscheidungen zu sprechen. Was ist eine kluge Entscheidung?

Laut Kuhl (2001, 2010) können Menschen ihre Entscheidungen entweder über die Selbstregulation oder über die Selbstkontrolle treffen. Im Modus der Selbstkontrolle werden die oben erwähnten somatischen Marker und damit Gefühle und Körpersignale entweder nicht wahrgenommen oder übergangen und nur pure Verstandesüberlegungen berücksichtigt.

Nimmt ein Mensch hingegen seine Körpersignale und die entsprechenden Gefühle wahr und bezieht sie in den Entscheidungsprozess mit ein, dann trifft er seine Entscheidungen im Selbstregulationsmodus. Er spürt im wortwörtlichen Sinn, was ihm guttut und was nicht.

Für eine kluge Entscheidung ist es nun wichtig, beide Systeme anzuzapfen: den Verstand und das Unbewusste. Für kluge Entscheidungen müssen die Informationen beider Systeme in Rückmeldeschleifen miteinander abgeglichen werden. So kann eine Entscheidung richtig sein und sich gleichzeitig gut anfühlen.

Entscheidungssicherheit erlangen

Um deutlich zu machen, dass es einen Unterschied zwischen Entscheidungsklarheit und Entscheidungssicherheit gibt, möchten wir eine kurze Übung voranstellen (vgl. STORCH, 2011). Sie bezieht sich auf die Wahrnehmung des Selbst. Hierfür eignet sich besonders gut das Gefühl der Integrität, insbesondere das der verletzten Integrität. Sie haben in Ihrem Leben sicher schon einmal eine Situation erlebt, in der Sie in Bezug auf einen Ihrer Mitmenschen sehr, sehr lange kompromissbereit waren. Die Kompromissbereitschaft, die ein Mensch aufbringt, unterscheidet sich je nach Temperament und Lebensbereich. Doch wie viel Kompromissbereitschaft jemand auch zu zeigen vermag, irgendwann ist der Zeitpunkt gekommen, an dem der Vorrat aufgebraucht ist. Das kann nach einer Stunde sein, nach einem Tag, einer Woche oder nach Jahren. Wann dieser Punkt erreicht ist, spielt keine Rolle.

Bei diesem Beispiel geht es um das Faktum, dass er erreicht ist. Rufen Sie sich ein solches Erlebnis ins Gedächtnis oder malen Sie sich in Ihrer Fantasie eine entsprechende Situation aus, die für Sie passt. Ihre Kompromissbereitschaft ist also erschöpft, und die Verletzung der Integrität wird plötzlich deutlich spürbar: In Form von Wut! Sie geraten dann typischerweise in eine Verfassung, bei der in Ihnen so etwas auftaucht wie ein inneres „Jetzt reicht es!“ oder „Jetzt ist aber genug!“. Diese Verfassung ist in den allermeisten Fällen der Auslöser für den Entschluss, seine Handlungsweise zu ändern. Die Kompromissbereitschaft hat ein Ende, Sie beginnen nach anderen Lösungsmöglichkeiten zu suchen. Diese Lösungen können natürlich bei verschiedenen Menschen sehr unterschiedlich ausfallen: „Jetzt sag ich aber auch mal was dazu!“, „Verdammt noch mal, jetzt ist aber genug!“ oder „Ich kann nicht mehr!“. Aber auch die Lösungsmöglichkeiten sind nicht unser momentanes Thema. Um was es hier gehen soll, ist der eine, entscheidende Moment, in dem es „klick“ macht, in dem Ihre Wut sich plötzlich meldet. „Das lasse ich nicht mehr mit mir machen!“ Wenn Sie für sich selbst nun eine solche Situation in Ihrem Gehirn bereithalten, dann bitten wir Sie, Ihre Eigenwahrnehmung einzuschalten. Achten Sie darauf, was in Ihrem Körper geschieht, während Sie sich diesen einen „Punkt ohne Wiederkehr“ vergegenwärtigen. Wenn Sie in Eigenwahrnehmung geübt sind, werden Sie entweder irgendwo eine Körperempfindung bemerken oder ein starkes Gefühl oder auch beides. Die körperlichen und/oder emotionalen Veränderungen, die mit Ihrer Wut einhergehen, sind so stark, dass auch in Eigenwahrnehmung wenig geübte Menschen über eine innere Wahrnehmung berichten können.

Der Verstand kann unter Umständen über viele Jahre hinweg verschiedene Lösungsmöglichkeiten hin und her überlegen, er kann endlos debattieren, kann die Dinge aus verschiedenen Perspektiven betrachten und kann sich in andere Menschen hineinversetzen: Er hat die Hoheit über die Entscheidungsklarheit. Das Selbst hingegen meldet sich unmissverständlich. Sie sind sich zu hundert Prozent sicher, dass hier, heute und jetzt Ihre ganz persönliche Grenze erreicht ist. Diese Art der Gewissheit kann der Verstand niemals bieten. Diese Sicherheit liefert Ihnen nur Ihr Unbewusstes und Ihr Selbst – mit dem Körper und mit dem Gefühl. Entscheidungssicherheit basiert nicht auf Gedanken, sondern auf Körperempfindungen und Gefühlen. Diejenigen Menschen verfügen über eine gute Entscheidungssicherheit, die in der Lage sind, die Signale des Selbst wahrzunehmen, sie mit dem Verstand zu verarbeiten und die Entscheidungen für ihr Leben in harmonischer Abstimmung beider zu treffen.

Wenn Sie vor einer entscheidenden Weichenstellung stehen und ein ungutes, mulmiges Gefühl haben, dann schauen Sie als Erstes, ob es überhaupt eine eindeutig „richtige“ oder „falsche“ Entscheidung gibt, das heißt, ob Sie mehr Entscheidungsklarheit brauchen. Ist dies nicht der Fall, dann sollten Sie Ihre Idee davon, was die optimale Herangehensweise ist, ändern: Es geht dann weniger darum, richtig zu entscheiden, sondern vielmehr darum, klug zu entscheiden.

Nebst diesen Überlegungen gibt es noch einen Faktor, der für das Thema Entscheidungen wichtig ist: die Zeit. In manchen Entscheidungssituationen kann es am besten sein, gar nicht zu entscheiden und erst einmal abzuwarten. Warum kann Abwarten eine gute Alternative zum sofortigen Entscheiden sein? Weil das Selbst seine Bewertungen auf der Basis von Erfahrungen abgibt. Das Selbst ist umso besser dafür geeignet, eine Entscheidung zu fällen, je mehr Gelegenheit es hatte, Erfahrungen mit der jeweiligen Thematik zu machen. Dies ist zum Beispiel der Grund dafür, warum erfahrene Experten nachgewiesenermaßen bessere Entscheidungen fällen, wenn sie nicht lange nachdenken, sondern spontan ihrer „Intuition" folgen – ein weiterer Begriff für das Unbewusste und das Selbst. Man hat dieses Phänomen bei Feuerwehrleuten, aber auch bei Krankenpflegekräften und Ärzten beobachtet (Storch, 2011).

Wenn ein Mensch sich hingegen neu auf einem bestimmten Gebiet bewegt, fährt er besser, wenn er seine Entscheidungen mit dem Verstand abwägt. Das liegt an der Tatsache, dass der Informationsstand des Unbewussten für die Bewertung noch nicht ausreicht. Auch das Selbst kann nur so gut bewerten, wie seine „Datenbasis" ist. Wenn zu einem Thema zu wenig Informationen vorhanden sind, so empfehlen wir im ZRM folgendes Vorgehen: abwarten, Informationen sammeln und diese Informationen dann wiederum mit Verstand und Selbst auswerten. Wie die Auswertung mit dem Selbst funktioniert, wird im praktischen Teil dieses Buches beschrieben.

Selbstbestimmt fühlen und handeln

Wir sind der Überzeugung, dass jeder Mensch das Recht auf Willensfreiheit und Selbstbestimmung hat. Insbesondere auch in seinem letzten Lebensabschnitt. Jeder Mensch sollte die Möglichkeit haben, seine letzten Lebenstage, -wochen und -monate so zu gestalten und zu leben, wie es für ihn richtig, sinnvoll und stimmig ist. Für Menschen, und insbesondere für Menschen mit palliativem Erkrankungsverlauf, kann dies immer nur im Rahmen des Machbaren geschehen – wir sind nie absolut frei und unabhängig.

Dennoch können wir uns selbstbestimmt fühlen, nämlich dann, wenn Willensfreiheit gegeben ist. Dabei spielt das Selbst eine entscheidende Rolle. Willensfreiheit ist dann gegeben, wenn ein Impuls ganz aus dem Selbst – aus der weitest und tiefst möglichen Übersicht – entsteht, ohne dass selbstfremde Kräfte von außen oder innen dies antreiben oder verhindern. Menschen Selbstbestimmung zu ermöglichen, bedeutet aus dieser Sicht, ihnen (Willens-)Freiheit zu gewähren. Diese Art der Freiheit endet jedoch nicht im antisozialen Verhalten oder Egoismus. Dies zu betonen, ist uns wichtig. Willensfreiheit durch Selbstbestimmung ist immer bezogen auf und eingebettet in die sozialen Netze, die für die Betroffenen große Bedeutung haben. Das Selbst als riesiges Erfahrungsnetzwerk verwaltet nicht nur die eigenen Bedürfnisse und Werte, sondern auch die Bedürfnisse und Werte anderer Personen, die für das eigene Wohlbefinden relevant sind (Kuhl, 2005). Selbstbestimmung versetzt die Person in die Lage, Handlungsmöglichkeiten zu finden, die soziale Normen und Interessen der anderen beachten, ohne damit die eigenen Bedürfnisse und Werte zu verleugnen. Das Selbst ist in der Lage, diese auf den ersten Blick manchmal gegensätzlichen Bedürfnisse zu integrieren. Das Selbst hat in dieser Situation also nebst den eigenen Bedürfnissen auch die Außenwelt auf dem Schirm und wird diese in seine Äußerungen miteinbeziehen beziehungsweise eine Lösung finden, die diese Umstände einberechnet.

Für eine solche Selbstbestimmung, die sich nicht als egoistisch oder gar als absolut versteht, sondern sich eben im Möglichkeitsraum eines sozialen Netzes bewegt, hat sich in der Palliativversorgung der Begriff der „relationalen Autonomie“ etabliert.

Schwingungsfähig sein und Grenzen setzen

Die Funktionen des Selbst sind insbesondere auch in zwischenmenschlichen Situationen von großer Bedeutung. Aus der Psychotherapieforschung weiß man, dass wertschätzende und verständnisvolle Beziehungen das Selbst aktivieren. Wenn Angehörige gegenüber der Patientin oder dem Patienten einfühlsame Reaktionen zeigen, werden diese darin bestärkt, sich zu öffnen und ihre Gefühlslage zu äußern (Selbstausdruck). Ebenso ist dies andersherum möglich: Auch Angehörige werden ermutigt, ihr Inneres zu zeigen, wenn es in einem Gespräch einmal ganz um sie gehen darf. Und natürlich kann dies auch im Wechselspiel erfolgen. Ein solches Sich-aufeinander-Einschwingen hat einen nachhaltigen Effekt. Es bewirkt, dass sich die Fähigkeiten zur Selbstregulation verbessern und weiterentwickeln. Wie lässt sich das erklären? Julius Kuhl spricht in diesem Zusammenhang von „Systemkonditionierung“ (2001, 2005). Die als beruhigend erlebten Äußerungen des Gegenübers werden mit den negativen Affekten verknüpft und im eigenen Selbst verankert. Man ist am Anderen innerlich selbst ein Stück gewachsen.

Aber auch in der Rolle des professionellen Begleiters ist es wichtig, über einen guten Selbstzugang zu verfügen: „Echtes ‚Mitschwingen', d.h. empathisches und passendes Reagieren auf die Selbstäußerungen des Klienten, ist wesentlich für eine erfolgreiche Unterstützung. Ohne echtes Mitschwingen können Interventionen und Hilfestellungen nur eine geringe Wirkung entfalten. Die ‚Schwingungsfähigkeit' des Beraters hängt mit dem Zugang zum eigenen Selbstsystem zusammen" (Strehlau & Kuhl, 2011, S. 55).

Ein guter Selbstzugang ist aber auch dann notwendig, wenn es darum geht, Grenzen zu setzen. Erkrankte Menschen erleben es häufig, dass ihre Fähigkeit sich abzugrenzen weniger intakt ist, als sie es eigentlich von sich kennen. Ein Oberarzt betritt das Patientenzimmer und lässt unachtsam einen abwertenden Kommentar fallen. Aus Sorge um Benachteiligung schluckt der Patient und schweigt. Oder: Ein alter Bekannter erzählt bei seinem Krankenbesuch pausenlos nur von sich und seinen Alltagsproblemen, ohne die zunehmende Erschöpfung des Erkrankten wahrzunehmen. Dies sind Situationen, in denen es wichtig ist zu spüren, dass die eigenen Grenzen gerade überschritten werden. Es braucht hier ein klares Stopp-Signal! Die Energie dafür kann nur aus dem Selbst kommen.

Das Selbst am Lebensende

In Anbetracht des Sterbens und des Todes ist der Zugang zum Selbst bei vielen Menschen verschüttet oder zumindest erschwert. Negative Gefühle blockieren oftmals den Selbstzugang und führen dazu, dass das Negative der Situation noch überwältigender erscheint, als es ohnehin schon sein mag. Stress und negative Gefühle, die nicht bewältigt werden können, hemmen alle Funktionen des Selbst, das Überblick und Sinn stiftet. Das Handlungsrepertoire ist dann beschränkt und das Treffen von guten Entscheidungen erschwert. Die Wahrscheinlichkeit, sich nur auf negative Erfahrungen zu fokussieren und sich nur an diese zu erinnern, ist immens erhöht. Dies alles führt oftmals zu noch mehr negativen Gefühlen wie Angst, Wut und Traurigkeit. Wie lässt sich dieser Teufelskreis durchbrechen?

Die Funktionen des Selbst stellen wichtige Ressourcen dar, um sich den eingangs beschriebenen Themenbereichen Bewältigung, Entscheidung und Vermittlung stellen zu können. Ein guter Selbstzugang ist Ausgangspunkt für alle Lösungswege, die nicht nur an der Oberfläche bleiben, sondern tiefer ansetzen. Und manches Mal ist der Selbstzugang auch schon die Lösung an sich. Denn mit gestärktem Selbstzugang werden belastende und bedrohliche Themen mit einem unglaublich wirkungsvollen „Objektiv“ betrachtet. All dies gilt selbstverständlich nicht nur für Sterbende, sondern auch für ihre Angehörigen und professionellen Begleiter: Der Teufelskreis kann nur durch die Aktivierung des Selbst unterbrochen werden. Und noch einmal:

Es geht dabei nicht darum, negative Gefühle zu ignorieren, wegzudrücken oder zu überspielen. Es geht darum, Angst, Wut und Traurigkeit durch die Aktivierung des Selbst auf ein angemessenes Maß herunterzuregulieren – und zwar von selbst.

Bilder sind die Treppe ins Selbst

Wie wir gesehen haben, kommuniziert der Verstand mittels Sprache, das Selbst über die somatischen Marker. Die beiden Systeme sprechen also zwei verschiedene Sprachen und verstehen sich nicht auf Anhieb. Um dem Verstand die Möglichkeit zu geben, in Worte zu fassen, was das Selbst uns an Signalen sendet, brauchen wir eine gemeinsame Plattform.

Wenn Sie jetzt Ihre Gedanken schweifen lassen, für eine Minute an den letzten Urlaub zurückdenken oder an eine besonders schöne Situation, die Ihnen in letzter Zeit widerfahren ist, dann werden Sie feststellen, dass – schneller als Sie Worte formulieren können – Bilder vor Ihrem geistigen Auge auftauchen. Das Selbst versieht nicht nur einzelne Erlebnisse mit Gefühlen, sondern liefert Ihnen zusätzlich Bilder, Gerüche, Empfindungen und manchmal auch einen Geschmack, dem Sie noch nach langer Zeit nachspüren können. Während Gerüche, Empfindungen oder ein Geschmack oft nur schwer zu beschreiben sind, können wir Bilder präzise darstellen und mitteilen. Das bietet uns einen wichtigen Vorteil!

Die Psychoanalytikerin Wilma Bucci (2005) hat in ihrer Multiple Code Theory psychoanalytische Gedanken mit den Überlegungen von Antonio Damasio verbunden. Sie geht davon aus, dass Menschen Informationen grundsätzlich in drei Arten von Codes wahrnehmen und verarbeiten: in sprachlicher, in bildhafter und in körperlicher Form.

Der Code in der Welt der Worte besteht aus Buchstaben, die zu Worten zusammengesetzt werden und Sprache bilden. Diese Welt ist bis auf ein paar wenige Ausnahmen uns Menschen vorbehalten. Damit die Welt der Sprache verstanden werden kann, brauchen wir zusätzlich die Welt der Bilder. Bilder geben der Sprache ihre Bedeutung. Zur Verdeutlichung hier ein Beispiel: Schaut man sich das Wort *taivas* an, so sieht jeder Mensch, der kein Finnisch spricht, einfach nur Buchstaben. Wenn Sie nun statt *taivas* die Übersetzung, nämlich „Himmel", lesen, kann Verstehen stattfinden. Es kann nun die Welt der Bilder angezapft werden, in der sich bildhafte Assoziationen befinden. Dadurch wird aus einem für Sie sinnlosen Wort ein Wort mit Bedeutung (außer Sie sind natürlich der finnischen Sprache mächtig).

Die Welt der körperlichen Gefühle kommt ohne Worte und Bilder aus. Die Verarbeitung geschieht durch Töne, Gerüche, Empfindungen. Vielleicht erzeugt das Wort „Zitrone" Zitronenduft in der Nase? Oder das Wort „Jubiläum" löst ein feierliches Gefühl aus? „Solche nonverbalen Bilder helfen uns, geistig die Konzepte auszubilden, die den Worten entsprechen. Auch die Gefühle, die den Hintergrund der mentalen Einzelvorgänge bilden und die vor allem Aspekte des Körperzustands kundtun, sind Bilder. Wahrnehmung ist in allen sensorischen Formen das Ergebnis der kartografischen Fähigkeiten unseres Gehirns" (Damasio, 2011, S. 82).

Das Gehirn versteht ein Wort also dadurch, dass es Bilder und Körpergefühle aufruft, die zu diesem Wort passen. Dies konnte durch die Hirnforschung in verschiedenen Experimenten nachgewiesen werden. Zeigt man Versuchspersonen beispielsweise das Wort „kicken", so wird der Teil des Gehirns aktiviert, der für die Bewegung des Fuß- und Beinteils zuständig ist (Hauk, Johnsrude & Pulvermuller, 2004).

In der Welt der Worte können wir uns nur bewegen, wenn wir unseren Verstand benutzen und bei Bewusstsein sind. Die Welt der körperlichen Gefühle hingegen arbeitet komplett unbewusst. Natürlich kann körperliches Geschehen auch bewusst werden, der Großteil von dem, was im Körper geschieht, ist jedoch nicht bewusstseinsfähig. Damit das Körpergeschehen ins Bewusstsein rückt und in Worte gefasst werden kann, muss es gewisse Verarbeitungsschritte durchlaufen: Es muss ein Dolmetschprozess stattfinden. Bei diesem Prozess spielen Bilder eine Schlüsselrolle. Bilder sind der Dreh- und Angelpunkt im Informationsfluss zwischen dem unbewussten Selbst und dem bewussten Verstand. Die Welt der Bilder kann sowohl bewusst als auch unbewusst aktiviert werden. Daher gilt auch der umgekehrte Weg. Wer die Welt des unbewussten Selbst erreichen will, braucht als Übersetzungshilfe die Bilderwelt. Über die Bilderwelt wird das Selbst aktiviert, sie ist die Treppe ins Selbst und bildet somit die Grundlage für den Zugang zum Selbst. Dies ist der Grund, warum beim ZRM mit Bildern, bildhafter Sprache und Metaphern gearbeitet wird, wie es nun im praktischen Teil dieses Buches beschrieben wird.

Teil II

Die Anwendung der ZRM-Methoden in Palliative Care

Praxisteil A
Sterbende und Angehörige

Zur Veranschaulichung der ZRM-Methoden begleiten uns im praktischen Teil dieses Buches verschiedene Protagonisten. Im Praxisteil A werden zwei schwerstkranke Menschen, David und Rosa, und ihre Angehörigen vorgestellt. Im Praxisteil B kommt Eva hinzu, eine Krankenpflegerin im SAPV-Team. Wie bereits erwähnt steht die SAPV für spezialisierte ambulante Palliativversorgung.

Anhand der Arbeit des Psychologen Bruno wird aufgezeigt, wie die Methoden des ZRM Sterbende, ihre Angehörigen sowie ihre professionellen Begleitenden in typischen Herausforderungssituationen unterstützen können. Bruno arbeitet seit fünf Jahren in der spezialisierten Palliativversorgung eines großen Krankenhauses. Als ausgebildeter Palliativpsychologe unterstützt er dort die beiden multiprofessionellen Palliative-Care-Teams der Palliativstation und der ambulanten Palliativversorgung. Um die ZRM-Methoden professionell im Einzelsetting anwenden zu können, hat er vor zwei Jahren die Ausbildung zum zertifizierten ZRM-Coach abgeschlossen.

Wichtig zu wissen ist, dass sämtliche Methoden, die in diesem praktischen Teil vorgestellt werden, für alle Betroffenen und Beteiligten anwendbar sind, das heißt, für Sterbende, ihre Angehörigen sowie auch für ihre professionellen Begleiter. Für das eigene Selbstmanagement können deshalb diejenigen ZRM-Methoden ausgewählt werden, die einen selbst am meisten ansprechen, egal ob die Methoden im ersten oder im zweiten Teil des Buches vorgestellt werden.

David und seine Familie

David ist gerade 37 Jahre alt geworden und vor zwei Jahren an Knochenkrebs (Osteosarkom) mit Metastasen in der Lunge erkrankt. Die Krankheit verläuft zusehends schneller. Eine zuletzt verabreichte Chemo erwies sich als wenig erfolgreich. David spürt, dass die Krankheit ihm Lebenskraft raubt, er fühlt sich ausgezehrt und schwach. Der Primärtumor befindet sich im Oberschenkel, weshalb er seit einigen Wochen nicht mehr in der Lage ist zu laufen und bettlägerig ist.

Aufgrund der Schmerzen, die ein Ausmaß erreicht haben, das David als „nicht mehr aushaltbar" bezeichnet, hat die Hausärztin einen Kontakt zur SAPV vermittelt, die David vor wenigen Tagen in die Versorgung aufgenommen hat.

David ist seit acht Jahren mit Linda verheiratet. Sie haben einen sechsjährigen Sohn, Tim, und eine einjährige Tochter, Mia. David und Linda haben kurz nach seiner Diagnose erfahren, dass Linda mit der kleinen Mia schwanger ist. Nebst ihrer Tätigkeit als Mutter und Hausfrau ging Linda einer Teilzeitbeschäftigung in einer Drogerie nach. Diese Arbeit hat sie jedoch nach dem Mutterschaftsurlaub nicht mehr aufgenommen, damit sie ganz für ihren Mann und ihre Kinder da sein kann. Trotz der punktuellen Unterstützung durch einen mobilen Pflegedienst ist ihr momentanes Leben komplett auf David und ihre Kinder ausgerichtet. Sie sieht sich mit einer kaum stemmbaren Menge an Aufgaben konfrontiert, wie die Pflege ihres Mannes nachts und am Wochenende, die Planung der Medikamentengabe und die Verwaltung von Besuchsterminen der vielen beteiligten Dienste. Auch muss sie sich um Dinge kümmern, für die bisher immer ihr Mann zuständig war, wie das Einkaufen und die Pflege des Gartens. Es steht nun der erste Hausbesuch durch den Palliativpsychologen Bruno bevor, der David und Linda über die SAPV-Pflege vermittelt wurde. Telefonisch hat er angeboten, die beiden für ein erstes Kennenlerngespräch zu Hause zu besuchen.

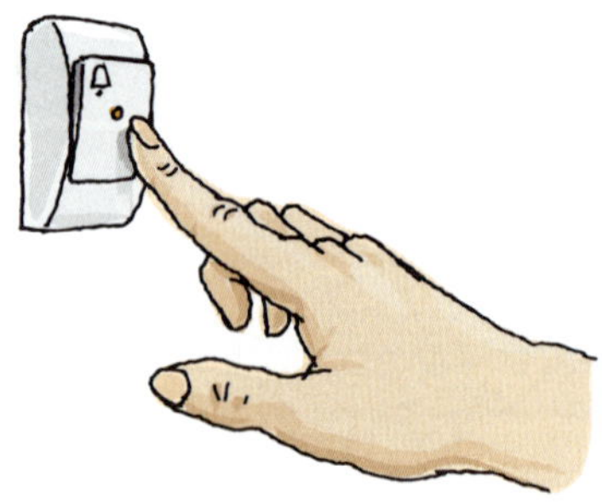

Rosa und ihre Familie

Rosa ist 68 Jahre alt und leidet an einer Amyotrophen Lateralsklerose, abgekürzt ALS. Bei der ALS handelt es sich um eine degenerative und nicht heilbare Erkrankung des motorischen Nervensystems. Die Erkrankung beginnt häufig mit Ausfallerscheinungen in bestimmten Körperteilen, was sich über die Hände etwa beim Einschenken des Kaffees bemerkbar machen kann oder – falls die Sprechmuskulatur betroffen ist – mit Problemen der Aussprache. Die Erkrankung endet mit einer vollständigen Lähmung des gesamten Muskelapparates. Allerdings spüren die Betroffenen noch alles und nehmen jeden Luftzug, jede Berührung wahr. Auch sind sie bis zuletzt geistig vollkommen klar.

Nicht in jedem Fall verläuft die ALS so schleichend wie beim berühmten Astrophysiker Steven Hawking. Bei der Hälfte aller Betroffenen ist mit einer Überlebenszeit von weniger als fünf Jahren zu rechnen. Auch bei Rosa ist die ALS rasch voranschreitend. Sie befindet sich in einem Stadium, in dem sie noch leise sprechen, jedoch nicht mehr ihre Beine, Arme und Hände bewegen kann. Aufgrund der eingeschränkten Schluckfunktion ist Rosa bereits auf künstliche Ernährung, eine sogenannte perkutane endoskopische Gastrostomie (PEG), angewiesen. Im weiteren Erkrankungsverlauf ist zu erwarten, dass die Kommunikation nur noch mithilfe eines Computers über die Augenbewegung erfolgen kann. Denn oft sind es die Augen, die bis zuletzt noch bewegungsfähig sind.

Rosas Mann kam vor zwei Jahren durch einen Unfall ums Leben. Sie hat eine 45-jährige Tochter, Kerstin, und einen 39-jährigen Sohn, Christian. Kerstin ist nach der Trennung von ihrem Mann vor eineinhalb Jahren wieder in ihr Elternhaus eingezogen und kümmert sich seitdem um die Pflege ihrer Mutter. Kerstin arbeitet als Steuerfachangestellte. Sie und ihr Ex-Mann haben einen Sohn, der mit seiner

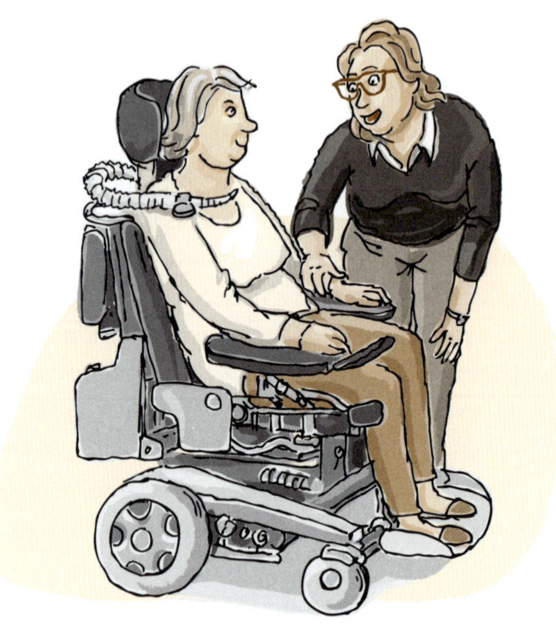

Freundin in einer anderen Stadt lebt. Rosas Sohn Christian lebt mit seiner Frau und seinen drei Kindern in der Schweiz, vier Stunden Autofahrt von seiner Mutter entfernt.

Kerstin hatte in den letzten eineinhalb Jahren durch die Pflege ihrer Mutter und ihrer beruflichen Anstellung eine enorm hohe Doppelbelastung zu tragen, die sich in den letzten Wochen durch starke Erschöpfung und depressive Verstimmungen bemerkbar machte. Kerstin wurde von ihrem Hausarzt eine dreiwöchige Reha-Maßnahme verordnet. In der Folge wurde Rosa wegen ihres hohen Pflegebedarfs vorübergehend auf der Palliativstation aufgenommen. Kerstin hat eine sehr enge Beziehung zu ihrer Mutter, und für sie ist es wichtig, nach ihrer Reha Rosa wieder nach Hause zu holen und daheim zu pflegen. Rosa ist dagegen unsicher, ob sie die Station schon wieder verlassen will und kann. In einem Gespräch mit Bruno wurde tags zuvor die Frage aufgeworfen, ob nicht ein nahegelegenes Hospiz der richtige Platz für Rosa sei.

Gefühle in Sprache übersetzen und kommunizieren

Beim ersten Hausbesuch von Bruno bei David und seiner Frau kommt immer wieder ein Thema zur Sprache, das beiden stark zu schaffen macht. „Er redet so gut wie nie über seine Gefühle, und ich bin immer wieder am Vermuten und Interpretieren, und das erzeugt bei mir ein starkes Gefühl von Unsicherheit“, sagt Linda besorgt. David schließt seine Augen und atmet tief ein. „Ich kann das verstehen Linda, wirklich. Aber du kennst mich, ich konnte noch nie gut über Gefühle reden, und bei diesem Thema fällt es mir umso schwerer. Ich sehe ja deine Verzweiflung und möchte auch manchmal über meine Gefühle reden, aber es fällt mir so unglaublich schwer, und ich weiß nicht, wie und ob ich das noch ändern kann. Es ist einfach alles Scheiße!“ Linda schaut ihn mitleidend an. „Ich weiß, alles ist Scheiße. Aber manchmal habe ich das Gefühl, dass es bei dir Tage gibt, die etwas weniger Scheiße sind als andere. Und wenn ich dich zwischendurch frage, wie es dir geht – was mich wirklich interessiert –, dann bekomme ich als Antwort nur immer ‚Scheiße‘.“

Bruno schlägt David und Linda eine Methode vor, die den Gefühlsaustausch auf eine eher technische Weise ermöglicht. Dass das kein Widerspruch sein muss, wird im Folgenden klar werden. Nachdem Bruno den beiden die zwei Systeme, deren Funktionsweise und die Aufgaben des Selbst erklärt hat, willigen David und Linda ein, diese Methode einmal auszuprobieren.

Die Affektbilanz

Die Affektbilanz ist ein Arbeitstool aus dem ZRM, das die Bewertung des Selbst (die somatischen Marker) für den Verstand sichtbar und bearbeitbar macht (Storch & Krause, 2017; Weber, 2017). Die Affektbilanz besteht aus zwei getrennten Skalen zur Darstellung von positiven und negativen Affekten. Affekte sind die Vorläufer der Gefühle, die unmittelbare Bewertung in positiv und negativ.

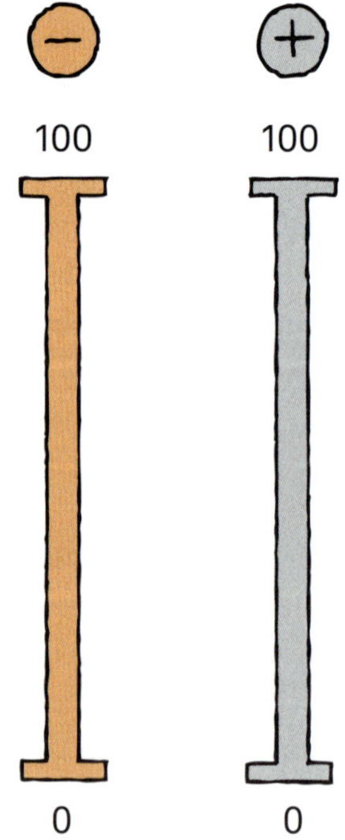

Positive und negative Affekte werden im menschlichen Gehirn an unterschiedlichen Orten produziert. Das Belohnungssystem, in dem unter anderem das Glückshormon Dopamin erzeugt wird, stellt positive Affekte bereit. Das Bestrafungssystem, in dem unter anderem das Stresshormon Cortisol erzeugt wird, ist für negative Affekte zuständig. Weil positive und negative Affekte im Gehirn an unterschiedlichen Orten erzeugt werden, besteht die Affektbilanz aus zwei getrennten Skalen. Es ist möglich, dass beide Systeme gleichzeitig aktiv sind. Ist dies der Fall, dann spricht man im Alltag von gemischten Gefühlen.

Links befindet sich die Skala für negativen Affekt, rechts die Skala für positiven Affekt. Die Skalen sind bewusst ohne Einteilung, das heißt, sie sind nur mit den Endpunkten 0 und 100 versehen, in der Fachsprache „visuelle Analogskala“ genannt. Der Verstand ist mit dieser Art der Darstellung überfordert und gibt das Zepter an das Selbst ab. Das Selbst kann die Intensität auf dieser Skala einschätzen, ohne dass es Unterstriche und Zahlen benötigt. Nachdem das Selbst die Intensität an den beiden Skalen markiert hat, kann der Verstand sie im Anschluss daran als Zahl eintragen.

„Zu Beginn machen wir eine kleine Übung, damit Sie beide mit diesem Tool vertraut werden“, richtet sich Bruno an David und Linda. „Bei dieser Übung bewegen wir uns jetzt erstmal nur in vier Extremvarianten, bevor wir beginnen zu differenzieren. Wir sammeln jetzt gemeinsam Themen, Dinge und Situationen, die starke negative Affekte erzeugen und nicht oder nur ganz schwach positiv sind.“

„Da fällt mir natürlich direkt dieser scheiß Krebs ein!“, sagt David energisch. „Aber weiter. Irgendwie weiß ich nicht so recht, alles andere ist so nebensächlich geworden.“ Er blickt Bruno fragend an. „Natürlich, der Krebs hat eine starke negative Affektbilanz. Ich geb’ Ihnen mal noch ein paar Ideen, was andere Personen hier manchmal so nennen.“ Bruno zählt Krieg, Steuererklärung und Kritik vom Chef auf.

Negative Affektbilanz

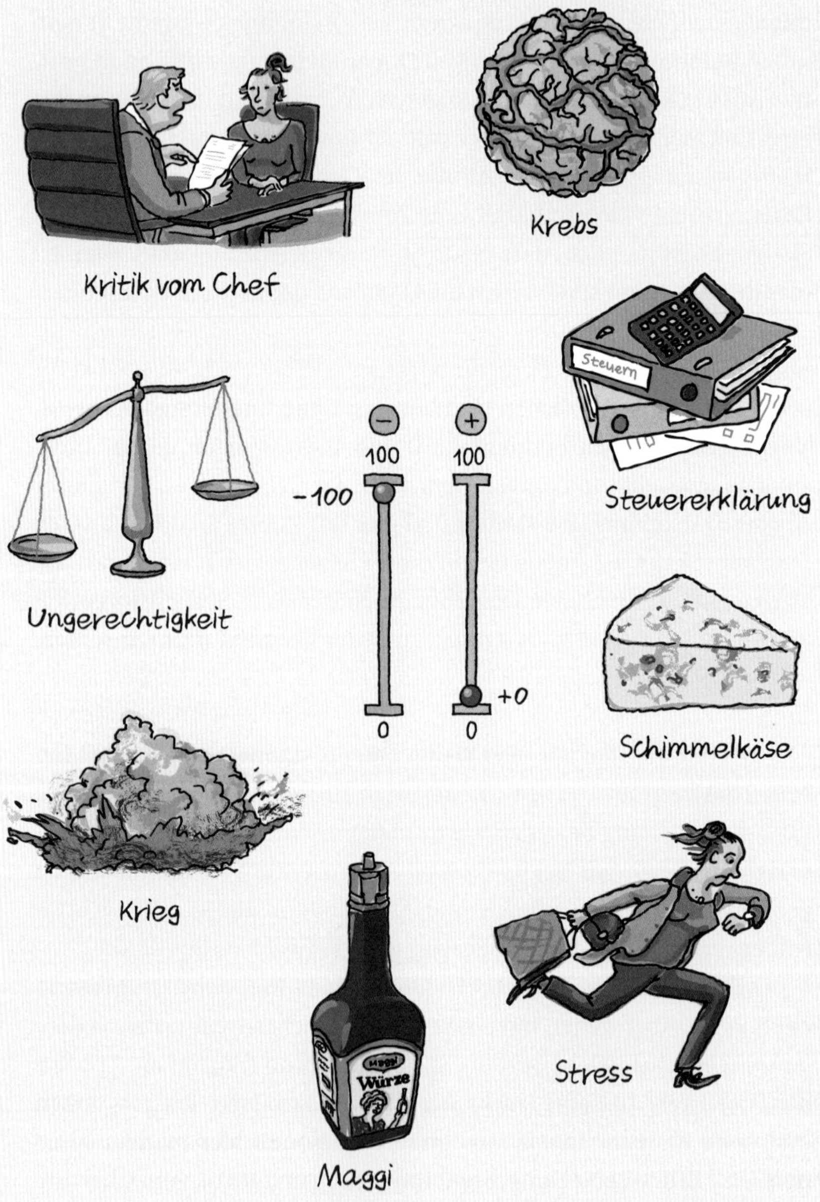

Linda meldet sich zu Wort: „Für mich haben Stress und Ungerechtigkeit diese Affektbilanz. Aber das Beispiel mit der Steuererklärung kann ich nicht nachvollziehen. Ich habe das immer gerne gemacht und kann gar nicht verstehen, warum viele Menschen damit solche Schwierigkeiten haben." Bruno erklärt, dass die Affektbilanz sehr individuell ist und dass es hier kein Richtig und Falsch gibt. „Ich mache hier häufig das Beispiel mit Nahrungsmitteln, die diese Affektbilanz haben. Fällt Ihnen spontan etwas ein, das Sie überhaupt nicht gerne essen?" David schmunzelt. „Ich glaub, jetzt verstehe ich dieses Tool. Ja klar, das gibt es. Schimmelkäse aller Art, da bekomme ich schon das Würgen, wenn ich nur daran denke. Und das Schlimmste ist, Linda liebt Schimmelkäse!" David zwinkert Linda zu. „Und was ist mit deiner Maggi-Sucht? So gut wie jedes Gericht, dass ich dir serviere, überschüttest du mit Maggi. Als ob dir mein Essen nicht schmecken würde und du den Geschmack überdecken wolltest."

Erschrocken schaut David Linda an. „Warum hast du mich das denn nie gefragt? Das hat doch mit deinem Essen überhaupt nichts zu tun. Du bist eine tolle Köchin, ganz ehrlich! Ich hab' Maggi halt schon als kleines Kind geliebt, und wahrscheinlich bin ich süchtig nach dem Glutamat, das darin enthalten ist." Bruno wiederholt nochmals, dass die Bewertung der Affektbilanz ganz persönlich ist und dass über sie daher auch nicht diskutiert werden muss. „Aber gibt das denn nicht Anlass zum Streiten, wenn ein Thema bei zwei Menschen genau gegensätzlich bewertet wird? Wie zum Beispiel dieses Maggi. Das hat bei mir −100 und +0. Und ich denke, bei David ist es genau umgekehrt, also +100 und −0." Bruno bittet Linda um etwas Geduld. „Das können wir uns nach der Einstiegsübung zur Affektbilanz einmal anschauen, wie man mit solchen Themen umgehen kann."

In einem zweiten Schritt sammeln David, Linda und Bruno Themen, die keinen oder nur schwachen negativen Affekt und starken positiven Affekt haben. Auch hier gilt: Die Affektbilanz ist höchst individuell.

Positive Affektbilanz

Schnell finden die drei einige Beispiele mit dieser Affektbilanz. Am Schluss fügt David noch „ertragbare Schmerzen“ hinzu. „Wenn mir das früher jemand gesagt hätte, dass man Schmerzen positiv bewerten kann, hätte ich nur den Kopf geschüttelt. Aber es ist tatsächlich so. Ein Tag mit ertragbaren Schmerzen ist wirklich ein guter Tag. Natürlich helfen da auch die Schmerzmittel und Medikamente, dennoch habe ich häufig solche Schmerzen, dass ich mir nur wünsche, dass der Tag schnell vorübergeht. An solchen Tagen habe ich nicht viel von meiner Familie, und im Nachhinein ärgere ich mich oft, warum ich mich nicht zusammengerissen habe.“ David weicht den Blicken der anderen aus. Linda sagt mit ruhiger Stimme: „Das ist genau das, was ich vorhin meinte. Wenn ich dich frage, wie es dir geht, und du einen guten Tag hast, dann wäre es schön, wenn du mir dies mitteilen könntest und mir nicht einfach immer nur ein ‚Scheiße‘ an den Kopf wirfst.“ Bruno sagt den beiden, dass er ihnen in einem späteren Schritt erklären wird, wie sie ihre Kommunikation diesbezüglich mithilfe der Affektbilanz verbessern können. „Aber nun lassen Sie uns erst einmal den nächsten Schritt besprechen.“

Nun, in einem dritten Schritt, sammeln die drei Situationen und Themen, die eine starke gemischte Affektbilanz aufweisen, also gleichzeitig stark negativ und positiv sind. Themen, Situationen und Wörter mit dieser Affektbilanz haben es an sich, dass sie emotional stark geladen sind und die Personen eine innere Zerrissenheit spüren.

„Die Schwangerschaft mit Mia und ihre Geburt hatten für mich ganz eindeutig diese Affektbilanz. Einerseits habe ich mich natürlich unglaublich gefreut, anderseits hatten wir ja kurz davor von Davids Diagnose erfahren, was mir unglaublich Angst gemacht hat.“ Weiter nennt Linda noch die SAPV. „Ich bin auf der einen Seite sehr froh und dankbar um die Unterstützung und die Möglichkeit, dass David zu Hause bleiben kann. Auf der anderen Seite habe ich ein Gefühl des Versagens.“

Linda senkt ihren Blick. „Wieso denn Versagen?!“, fragt David mit lauter Stimme. „Du machst das alles so großartig, und ich bin so stolz auf dich, wie stark du bist. Aber du bist doch nicht Wonderwoman und hast keine Superkräfte!“ Linda hat Tränen in den Augen. „Das ist das erste Mal, dass du mir sagst, dass du stolz auf mich bist. Das freut mich. Aber du weißt auch, wie ich bin. Ich möchte alles perfekt machen, und es ist mir schon immer schwergefallen, Hilfe anzunehmen. Erinnerst du dich, wie es damals mit Tim war, als deine Eltern ihre Unterstützung angeboten haben, damit ich wieder arbeiten gehen kann? Das war ja auch nicht so einfach für mich.“ Bruno schlägt den beiden vor, bei einem nächsten Hausbesuch zu schauen, ob sie an Lindas Bewertung, was die Hilfe durch die SAPV betrifft, etwas verändern können, damit der negative Affekt nicht mehr ganz so stark ist (siehe nächstes Kapitel: *Die eigenen Gefühle regulieren,* Seite 66)

Für den vierten und letzten Schritt der Einstiegsübung werden Themen und Situationen gesammelt, die gleichzeitig nur ganz schwache oder keine positiven und negativen Affekte haben.

„Also, das sind ja eigentlich Situationen, die mir egal sind, liege ich da richtig?“ Bruno nickt. „Kann sich das denn auch verändern über die Zeit?“, fragt David. Ja, Affektbilanzen können sich verändern. Es kann sein, dass ein Thema, das früher starke Affekte auslöste, mit der Zeit nur noch schwache Gefühlsbewertungen hervorruft und umgekehrt natürlich auch. „Das ist bei mir so bei Fußball. Ich war früher ein großer Fan, aber mittlerweile ist mir Fußball vollkommen egal geworden.“ Linda lacht. „Ja, das stimmt. Als wir frisch zusammen waren, war ich manchmal sogar ein bisschen eifersüchtig auf deinen Fußball, weil du so viel Zeit damit verbracht hast.“ Sie zwinkert David zu und fügt an: „Also bei mir sind das, glaube ich, solche Alltagstätigkeiten wie Zähne putzen, Wäsche waschen, Staubsaugen, Kochen ... und das Wetter! Das Wetter ist mir auch egal, ich kann es ja eh nicht ändern.“

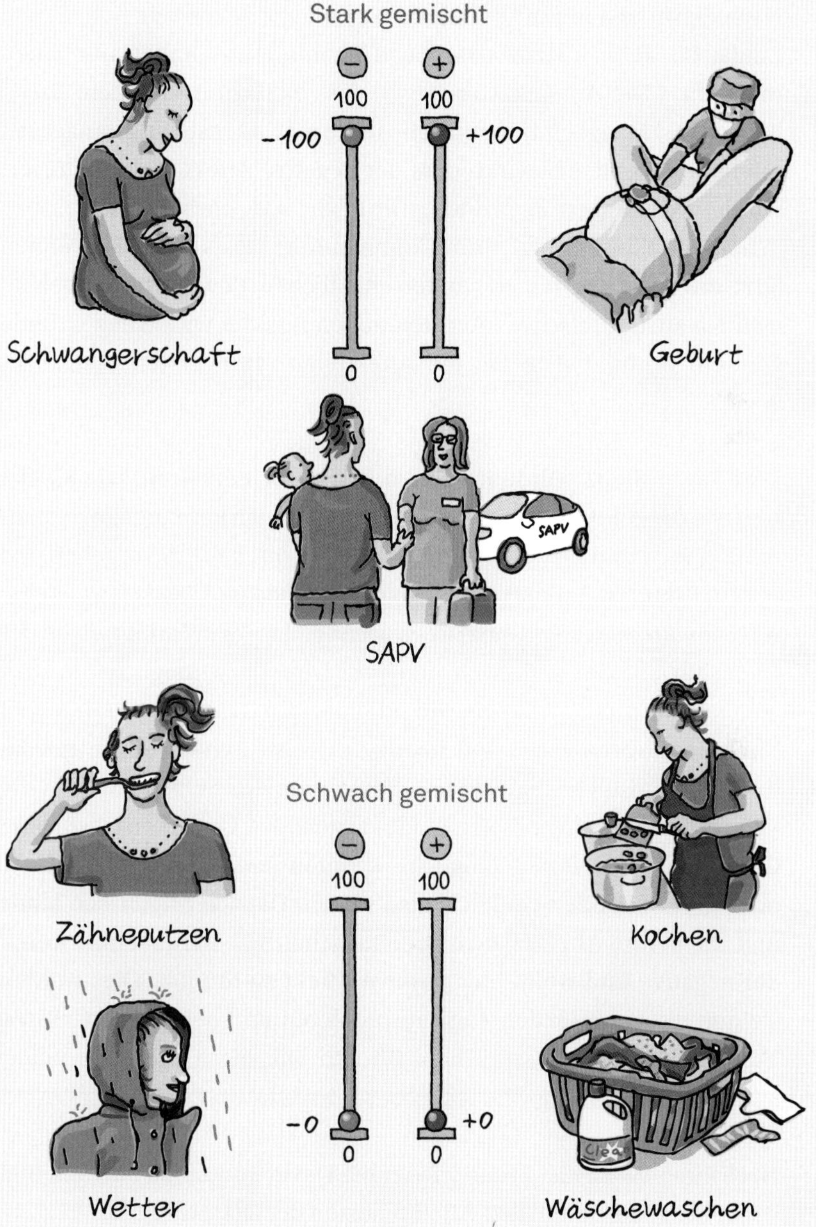
Gemischte Affektbilanz
Stark gemischt
100
100
-100
+100
0
0
Schwangerschaft
Geburt
SAPV
SAPV
Schwach gemischt
100
100
-0
+0
0
0
Zähneputzen
Kochen
Wetter
Wäschewaschen

Nach dieser ersten Einführungsübung in die Affektbilanz fragt Bruno Linda, ob sie sich denn das Maggi-Thema etwas näher anschauen möchten. „Die Aussage von David, dass es nicht an meinem Essen liegt und er Maggi einfach nur sehr gerne mag oder süchtig danach ist, hat bei mir bereits bewirkt, dass der negative Affekt etwas reduziert wurde. Das ist jetzt in Ordnung für mich, und, ehrlich gesagt, ist es ja nur eine Kleinigkeit. “ Bruno kommentiert: „Das heißt, Sie können jetzt etwas besser mit der unterschiedlichen Bewertung umgehen, weil Sie anstatt falscher Interpretationen nun die wirklichen Gründe kennen. Damit haben Sie die Affektbilanz zum ersten Mal angewandt!“

„An dieser Stelle würde ich Ihnen gerne noch erklären, wie Sie die Vorteile der Affektbilanz in Ihren Alltag einbauen können. Einverstanden?“ Linda und David sind einverstanden mit diesem Vorgehen und nicken Bruno zu. Einmal am Tag machen David und Linda jeweils eine Affektbilanz zum Tag. Dabei ist es wichtig, dass die Markierungen der Intensität auf der negativen und positiven Skala möglichst schnell gemacht werden. Wird eine Affektbilanz gezeichnet und dann fünf Minuten davorgesessen und überlegt, wo die Markierungen gesetzt werden, wird nicht die affektive Bewertung des Selbst, sondern die kognitive Bewertung des Verstandes abgebildet. Und das ist nicht Sinn der Sache. Also einfach möglichst spontan und schnell zwei Striche oder Kreuze auf den beiden Skalen setzen. Danach zeigen sich Linda und David ihre Affektbilanzen und tauschen sich darüber aus, womit der negative und womit der positive Affekt zu tun hat. Dies werden sie nun die kommenden Tage ausprobieren und bei ihrem nächsten Treffen mit Bruno besprechen, ob und wie diese Methode unterstützend war.

Nach einer Woche ist Bruno wieder bei David und Linda daheim, und die beiden zeigen ihm ihre Affektbilanzen der letzten Tage.

Affektbilanzen der letzten Tage

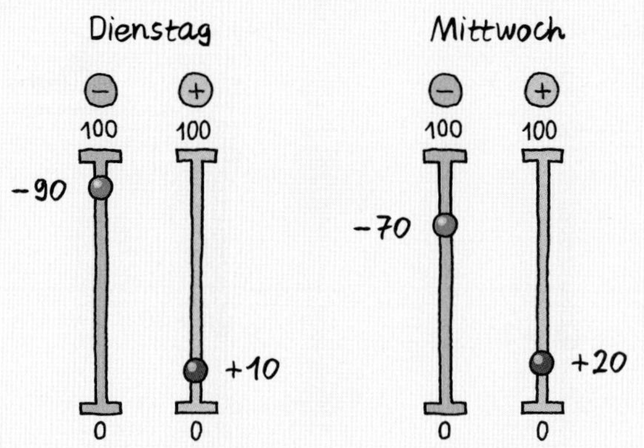

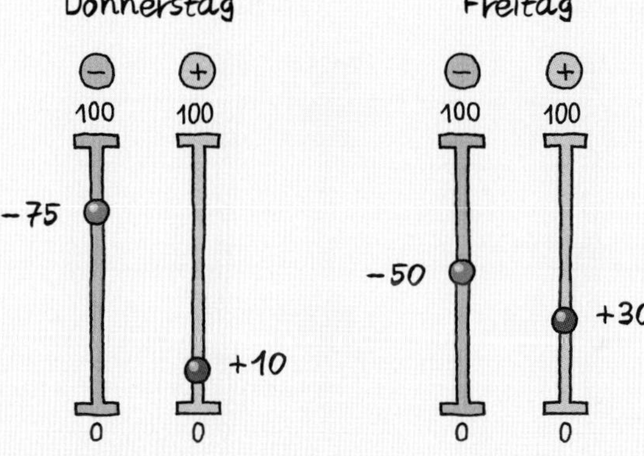

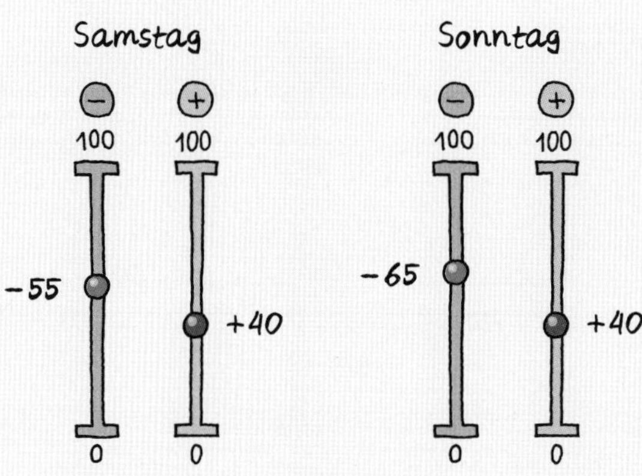

Affektbilanzen der letzten Tage

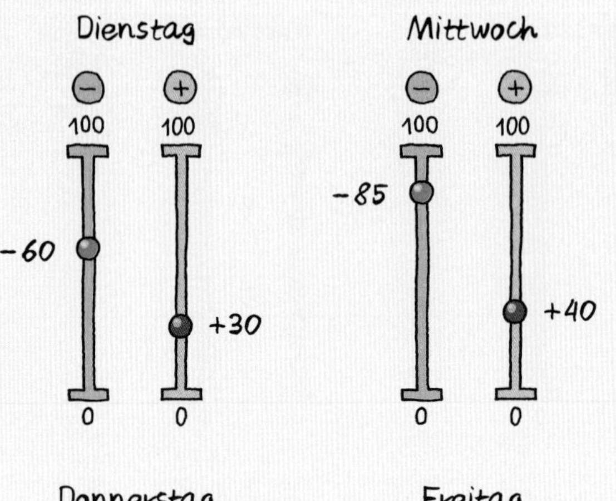

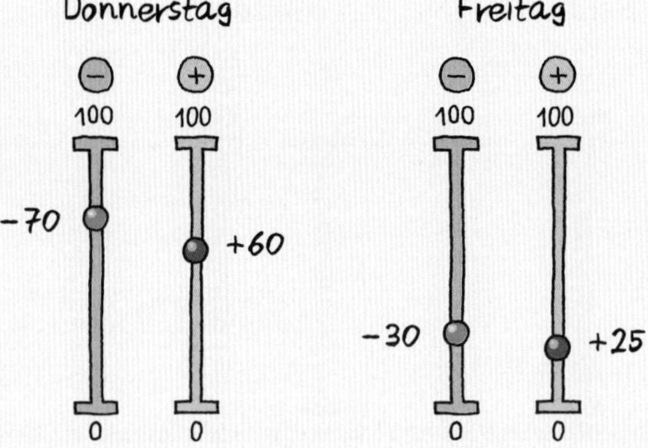

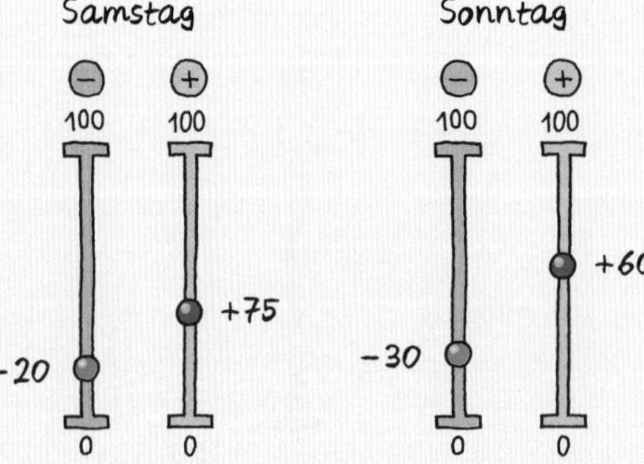

„Also ganz ehrlich gesagt war ich zu Beginn etwas skeptisch, ob diese Affektbilanz etwas verändern kann in unserer Kommunikation, aber ich wurde überrascht und finde es eine hilfreiche Methode", sagt Linda zu Bruno, und David pflichtet ihr bei. „Für mich ist dieser technische Zugang gut. Nun fragt mich Linda nicht ‚Wie geht es dir?' und ich antworte ‚Scheiße!', sondern wir zeigen uns unsere Affektbilanzen zum Tag." „Ja, genau. Und es ist dann eben ein Unterschied, wenn Davids Affektbilanz wie beispielsweise am Dienstag −90 und +10 ist – also so ein scheiß Tag – oder ob sie wie am Freitag −50 und +30 ist. Ich kann dann auch gezielt nachfragen, woher der positive und der negative Affekt kommen." Linda lächelt David an. „Und dasselbe gilt für mich, ich kann nun auch nachfragen, warum sie denn am Mittwoch ein −85 hatte, was vorgefallen ist. Oder wie am Samstag, bei diesem +75, was sie Schönes erlebt hat." Die beiden sind sich einig, dass sie die Affektbilanz weiterhin als Kommunikationshilfe verwenden wollen. „Irgendwie waren wir in dieser Woche gefühlsmäßig in einem guten Kontakt miteinander!", stellt Linda fest.

Bruno meldet Linda seine Beobachtung zurück, dass die Wochenenden bei ihr mit deutlich weniger negativem Affekt besetzt sind als die Wochentage, und fragt nach, ob dies einen Zusammenhang mit der SAPV haben könnte. Er bietet ihr an, dass sie gemeinsam versuchen können, die negativen Gefühle gegenüber der SAPV mithilfe eines Gefühlsregulationstrainings etwas zu reduzieren. Sie vereinbaren einen weiteren Hausbesuch, der erst einmal „unter vier Augen" stattfinden soll.

Die eigenen Gefühle regulieren

Ein erster Arbeitsschritt besteht darin, Lindas Selbst zu aktivieren und zu fragen, was nötig ist, damit die negativen Gefühle gegenüber der SAPV reduziert werden. Ein Vorgespräch mit Bruno hat ergeben, dass es ihr dabei um die folgenden Themen geht: Gefühl des Versagens, Hilfe annehmen können und Perfektionismus reduzieren. Bruno und Linda einigen sich darauf, hierzu ein Motto-Ziel zu erarbeiten.

Motto-Ziele sind Ziele auf der Haltungsebene, die eine Einstellungsänderung, also die Gefühlsbewertung zu einem Thema, bewirken. Bei den Motto-Zielen handelt es sich um eine neue Art und Weise, Ziele zu bilden und zu formulieren. Dieser Zieltyp ist im Rahmen der theoretischen Überlegungen und praktischen Anwendungen des ZRM entstanden und mittlerweile mehrfach auf seine Wirksamkeit hin überprüft worden (Weber & Storch, 2016). Motto-Ziele ermöglichen eine vom Selbst getragene Gefühlssteuerung. Sie können sowohl die Selbstberuhigungskompetenz – also die Herabregulierung von negativen Gefühlen wie beispielsweise Angst, Wut, Verzweiflung – als auch die Selbstmotivierungskompetenz – also das Herstellen positiver Gefühle zu einem Thema – verbessern (Weber, 2013). Für das Thema dieses Buches ist vor allem die Selbstberuhigungskompetenz interessant und wichtig.

Die Befragung und Übersetzung des Selbst bestehen aus mehreren Schritten, die aufeinanderfolgen und in der Synchronisation der beiden Systeme enden, sodass Verstand und Selbst miteinander in Einklang sind. Nachdem das Thema oder die Themen gewählt wurden, gilt für die Entwicklung eines persönlichen Motto-Ziels folgender Ablauf:

1. Mit der Bildwahl wird das Selbst gefragt, was es für das gewählte Thema braucht.
2. Mit dem Ideenkorb zum Bild wird die Antwort des Selbst in Sprache übersetzen.
3. Mit dem Motto-Ziel werden Selbst und Verstand miteinander synchronisiert.

Die Bildwahl

Wie in der Theorie zu den zwei Systemen und der Multiple-Code-Theorie beschrieben, unterscheiden sich das Selbst und der Verstand unter anderem in ihren Kommunikationsmitteln. Das Selbst hat als Kommunikationsmittel nicht die Sprache, sondern bedient sich der somatischen Marker. Es kann daher dem Verstand nicht mittels Sprache mitteilen, was es zu einem Thema benötigt. Daher findet im ZRM ein Dolmetschprozess statt, der bei der Arbeit mit Bildern ansetzt. Über die gemeinsame Plattform der Bilderwelt können das Selbst und der Verstand in Kommunikation treten (vgl. Kapitel: *Bilder sind die Treppe ins Selbst,* Seite 41). Dies ist für die Selbstregulation eine entscheidende Voraussetzung. Nur so lassen sich beide Systeme beteiligen. Für die selbstbestimmte Gefühlssteuerung ist es enorm wichtig, dass das Selbst beteiligt ist, da es für die Gefühle und deren Steuerung verantwortlich ist.

Mithilfe von Bildern bekommt das Selbst nun die Chance, seine Bedürfnisse auf das betrachtete Bild zu projizieren. Sofern ein Bild eine wichtige Ressource für ein Thema enthält, kann das Selbst dies mit einem starken positiven somatischen Marker mitteilen. In der praktischen Anwendung des ZRM wird hierzu die ZRM-Bildkartei verwendet (Krause & Storch, 2017).

Für die Bildwahl wird der Verstand nicht benötigt. Dieser darf bei diesem Arbeitsschritt eine Pause machen und sich einen Kurzurlaub gönnen. Die Bildwahl erfolgt ausschließlich mit dem Selbst, mit einem positiven somatischen Marker, mit einem positiven Gefühl. Zum Zeitpunkt der Bildwahl ist es nicht wichtig, dass dem Verstand klar ist, warum das gewählte Bild so gut gefällt, warum sich das Selbst genau dieses Bild ausgewählt hat.

Um den Verstand dabei zu unterstützen, eine Pause zu machen und das Selbst zu ermutigen, dass es nun am Zug ist, empfiehlt es sich, vor der Bildwahl eine kurze Entspannungsübung zu machen. Wie diese Entspannungsübung aussieht, kann unterschiedlich sein: beruhigende Musik hören, eine kleine Atemmeditation machen oder auch einen Körperscan durchführen. Wichtig ist dabei nur, dass die Person in einen entspannten Zustand kommt, bei dem der Verstand etwas heruntergefahren wird. Nach der Entspannung werden die Bilder der ZRM-Bildkartei präsentiert (Krause & Storch, 2017). Über der Bildwahl steht die Frage: „Welches Bild dient mir bei meinem Thema als Ressource?“

Wenn Sie sich zu einem Thema ein Motto-Ziel machen wollen, dann finden Sie auf der Web-Seite www.zrm.ch unter dem Link „Online-Tool“ eine Auswahl von Bildern, mit denen Sie Ihre Bildwahl vornehmen können. Wählen Sie dort bitte die „themenspezifische Bildwahl“ und geben Sie zuerst Ihr Thema an, zu dem Sie Ihr Bild wählen möchten. Das Online-Tool ist gratis, und Ihre Daten werden nicht gespeichert.

„Da sind jetzt aber zwei ganz starke Bilder dabei, und ich weiß nicht, wie ich mich entscheiden soll." Fragend schaut Linda Bruno an. Bruno erklärt ihr, dass sie sich gar nicht zu entscheiden braucht, dass sie auch mit zwei Bildern arbeiten kann. Linda wählt das Bild des Baumes und der Fußballerin. Als nächster Schritt in diesem Dolmetschprozess folgt der Ideenkorb zu den Bildern.

Der Ideenkorb

Der Ideenkorb ist eine weitere Methode aus dem ZRM. Mit dieser Technik können die Bewertungen des Selbst in Worte und Sätze übersetzt werden. Da Menschen gegenüber den Bedürfnissen, Kommentaren und Gründen des eigenen Selbst oft blind sind, werden beim Ideenkorb die Assoziationen anderer Menschen – in der ZRM-Sprache „Fremdgehirne" genannt – zum gewählten Bild genutzt. Der Ideenkorb bietet die Möglichkeit, das eigene Unbewusste zu erforschen, und zwar Experten-unabhängig. Da wir ja selbst immer nur Zugang zu den Dingen haben, die uns bewusst sind, können wir Stunden, Tage oder Wochen im bewussten Teil unseres Gehirns herumwühlen und eine Sache durchdenken, ohne uns den Gründen und Ideen des Selbst zu nähern. Kurz gesagt ist der Ideenkorb eine Sammlung von Ideen anderer Menschen zum Bild. Für den Ideenkorb gibt es nur eine Regel: Es dürfen ausschließlich positive Ideen und Assoziationen in den Ideenkorb. Negative Ideen können das Bild kaputt machen, sodass die betreffende Person nicht mehr weiter mit dem Bild arbeiten kann und die Bildwahl erneut stattfinden muss.

Wenn Sie für Ihr Motto-Ziel das Online-Tool benutzen, wird Ihnen ein Ideenkorb zu Ihrem Bild präsentiert, sobald Sie auf dieses klicken. Wenn Ihnen selbst noch eigene positive Ideen zu Ihrem Bild einfallen, dürfen Sie diese natürlich auch aufschreiben.

Bruno hat für jedes Bild einen fertigen Ideenkorb vorbereitet, den er sich aus dem Online-Tool abgeschrieben hat. Er legt Linda die Ideenkörbe vor und ermutigt sie, noch zusätzliche positive Ideen zu den Bildern zu ergänzen.

Ideenkorb zum Bild

- lichtdurchflutet
- die Bäume tragen Früchte
- man kann den Himmel sehen
- alles ist saftig und grün
- starke Wurzeln
- nach oben wachsen
- Verästelung
- Energie aus dem Boden
- fest verwurzelt
- biegsam, beweglich
- helle Leichtigkeit
- süße Früchte
- warmes Licht
- frühlingsfrisches Grün
- gedeiht in grüner Gemeinschaft
- Symbiose
- altes Baumwissen
- Langsamkeit, wächst in seinem Tempo
- präsentiert seine Früchte
- Wachstum und Erneuerung
- Kreislauf des Lebens
- starker Stamm
- Waldgeruch
- Wind rauscht durch Blätter
- Schattenspender
- nutzt seine Ressourcen

weitere Ideen von Linda:

- natürlich
- behütet und beschützt seine Früchte
- nutzt die Sonne als Energiequelle

Ideenkorb zum Bild

- Mannschaftssport
- Konzentration
- Ausdauer
- Zusammenspiel
- Stürmer, Verteidiger
- den Ball spielen
- und Schuss!
- Körperanspannung
- Jubel, Fans
- den Ball im Auge
- fester Schuss
- den Moment erkennen und nutzen
- Fairplay
- den Ball ins Tor schießen
- Passgenauigkeit
- trainieren
- Präzision
- Spaß am Spiel
- Bewegung
- Geschicklichkeit
- selbstsicher, treffsicher
- Überblick
- Dynamik
- die Chance packen
- Koordination,
- die Möglichkeiten nutzen

weitere Ideen von Linda:

- Team
- gemeinsam
- gesund und stark
- den Ball abgeben
- Mannschaftskapitänin

Nun geht es um die Auswertung des Ideenkorbes. Bruno gibt Linda einen Leuchtstift und bittet sie, sämtliche Ideen auf dem Blatt zu markieren, die bei ihr ausschließlich positive Gefühle erzeugen, also eine Affektbilanz von -0 und mindestens +70 haben. „Dazu haben Sie eine Minute Zeit. Dieser leichte Zeitdruck unterstützt Sie dabei, dass die Auswahl wiederum nur mit dem Selbst getroffen wird. Ihr Verstand hat immer noch Pause. Markieren Sie diejenigen Ideen, die ausschließlich positive Gefühle, positive somatische Marker, erzeugen. Das sind die sogenannten Lieblingsideen. Sobald Sie bei einer Idee hängen bleiben und überlegen, ob es sich um eine Lieblingsidee handelt, können Sie weitergehen, dann ist das nämlich keine Lieblingsidee. Die Lieblingsideen erkennen Sie sofort, und es kann sein, dass Sie fünf oder zwanzig Ideen markieren. Die Menge ist nicht entscheidend."

Nachdem Linda ihre Lieblingsideen zum Bild markiert hat, notiert Bruno diese auf einem separaten Blatt.

Lieblingsideen zum Bild

- Zusammenspiel
- Überblick
- die Möglichkeiten nutzen
- Team
- gemeinsam
- gesund und stark
- den Ball abgeben
- man kann den Himmel sehen
- starke Wurzeln
- helle Leichtigkeit
- Langsamkeit
- natürlich
- behütet und beschützt seine Früchte

Nach diesem Arbeitsschritt ist der Moment gekommen, in dem der Verstand aus dem Kurzurlaub zurückgeholt wird und am Zug ist. Mit dem Verstand wird nun überlegt, warum das Selbst dieses Bild oder die Bilder gewählt hat. Was hat das Bild mit dem Thema zu tun, und warum reagiert das Selbst so positiv auf die ausgewählten Lieblingsideen? Für diesen Schritt wird der Verstand benötigt, und der darf sich nun Gedanken machen: Was will das Selbst mit dem Bild und den Lieblingsideen sagen? Dies ist ein wichtiger Schritt im Prozess, der die Synchronisation, also den Abgleich zwischen Verstand und Selbst, einleitet.

„Puhh, das ist gar nicht so einfach." Linda schaut Bruno stirnrunzelnd an. „Also, wenn ich das richtig verstanden habe, sind diese Worte die Ideen meines Selbst, das mir damit sagen will, dass ich diese Ideen für den Umgang mit der SAPV nutzen soll." Bruno bestätigt und fügt hinzu, dass sie sich ruhig Zeit lassen soll und dass es nicht wichtig ist, dass sie sofort alle Dimensionen dieser Ideen versteht. Es ist jedoch wichtig, dass ihr Verstand zunächst im Groben erfasst, warum das Selbst diese Ideen vorschlägt. „Okay, dann beginne ich mal mit der Fußballerin, da fällt mir jetzt spontan mehr ein. Also, ich denke, dass mein Selbst vorschlägt, dass ich die SAPV und mich in dieser Situation als Team ansehen soll, dass wir alle dasselbe Ziel haben. Ich soll es als Möglichkeit nutzen und auch mal den Ball abgeben, damit ich mich zwischendurch stärken und den Überblick zurückbekommen kann." Linda fügt in nachdenklichem Ton an: „Ja, gesund und stark. Ich darf nicht als Einzelkämpferin auf das Spielfeld und mich dort bis zur Erschöpfung auspowern. Am Ende lande ich noch auf der Ersatzbank und kann gar nichts mehr machen. Das wäre schlimm, mit dieser Situation käme ich gar nicht zurecht." Linda blickt nachdenklich zu Bruno, nimmt das Bild von den Bäumen und liest sich ihre Lieblingsideen nochmals durch. „Das fällt mir schwerer, da muss ich einen Moment überlegen.

Irgendwie habe ich das Gefühl, dass der Baum ein Symbol für meine Familie ist. Und ich muss stark sein. Ich bin stark. Aber gleichzeitig diese helle Leichtigkeit leben." Lindas Stimme fängt leicht an zu beben, und sie ist sichtlich gerührt. „In dieser furchtbaren und schlimmen Zeit darf ich den Himmel über uns nicht vergessen. Und mich von dieser bedrückenden Schwere, die uns umgibt, nicht erdrücken lassen. Ich glaube, dafür brauche ich diese helle Leichtigkeit. Und die Früchte sind unsere Kinder, Tim und Mia. Als Mutterbaum habe ich die Aufgabe, sie zu beschützen und zu behüten, mit Stärke und Leichtigkeit." Sie blickt auf. „Das hätte ich nicht erwartet, dass in diesen Bildern so viele Seiten stecken, die mein Thema, die Angst zu versagen und meinen Perfektionismus, betreffen. Dazu gehört auch diese Natürlichkeit. Also meine Ansprüche an mich selbst, ‚natürlich' zu bleiben. Nur weiß ich im Moment mit dieser Langsamkeit noch nichts anzufangen." Linda schaut Bruno fragend an, und er schlägt ihr vor, einen Schritt weiter zu gehen. „Vielleicht fällt Ihnen beim nächsten Arbeitsschritt ein, was Ihr Selbst mit der Langsamkeit meint. Wie gesagt: Sie müssen noch gar nicht alle Dimensionen jetzt sofort verstanden haben. Das kommt manchmal mit der Zeit ganz von selbst."

Das Motto-Ziel

Nun geht es um die Formulierung des Motto-Ziels. Dazu ist etwas theoretisches Hintergrundwissen sinnvoll, damit nachvollziehbar ist, was Motto-Ziele sind und worauf bei der Formulierung geachtet werden muss (Weber & Storch, 2017, 2016). Wir tauchen dazu in die sogenannte Zielpsychologie ein.

Je nachdem, wie ein Ziel formuliert wird, kann dieses der Haltungsebene oder der Verhaltensebene zugeordnet werden. Ziele auf der Verhaltensebene sind konkret formuliert. Bei dem Verhaltensziel

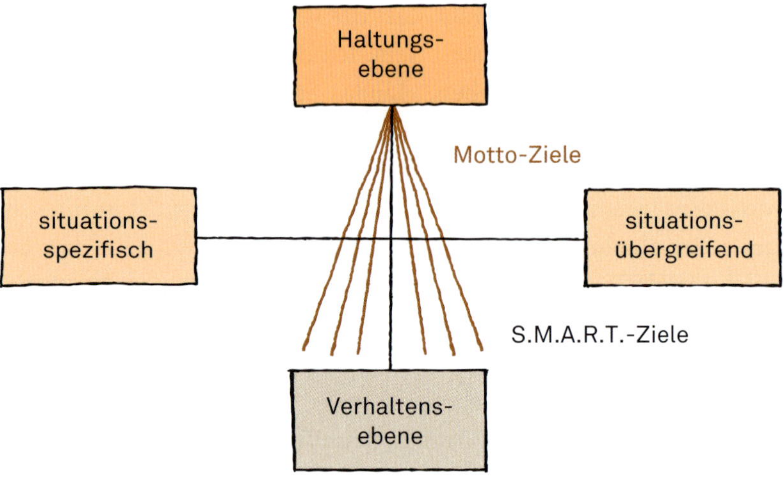

„Ich mache jeden Abend nach dem Abendessen meine Rückenübungen" weiß der Besitzer der Rückenschmerzen genau, was zu tun ist. Ziele auf der Verhaltensebene sind formulierte Absichten, mit denen das Verhalten konkret geplant wird. Sie beschreiben eine konkrete Situation und ein konkretes Verhalten dazu. Hierzu zählen zum Beispiel auch die bei vielen Menschen bekannten S.M.A.R.T.-Ziele. Das Kürzel S.M.A.R.T. ist folgendermaßen definiert: Ein Ziel muss spezifisch, messbar, attraktiv, realistisch und terminiert sein. Ziele, die auf der Verhaltensebene formuliert sind, sprechen nur den Verstand an, das Selbst hat hier nicht die Möglichkeit, sich zu beteiligen.

Demgegenüber werden unter Zielen auf der Haltungsebene Einstellungen verstanden, mit denen Menschen einem Thema begegnen. Ziele auf der Haltungsebene haben den Vorteil, dass aus einer Haltung heraus situativ angepasstes Verhalten hervorgebracht wird. Es muss nicht jedes Verhalten einzeln überlegt und geplant werden. Mit dem Haltungsziel „Positiv und neugierig gehe ich durchs Leben" ist der Besitzer in der Lage, entsprechende Verhaltensweisen in verschiedenen Situationen und im Kontakt mit verschiedenen Personen zu generieren. Ein weiterer Vorteil besteht darin, dass bei diesem Zieltyp auch das Selbst zum Zuge kommen kann und sich bei der Zielformulierung beteiligt.

Zusätzlich wird zwischen situationsspezifischen und situationsübergreifenden Zielformulierungen unterschieden. Diese Unterscheidung betrifft die Frage, wann die Person das entsprechende Verhalten zeigen beziehungsweise sich in der entsprechenden Haltung befinden will: nur in Hinblick auf ein ganz spezielles Thema, nur im Arbeitskontext, nur in der Freizeit oder – ganz rechts in der Abbildung – immer.

Bei den Motto-Zielen handelt es sich um eine spezielle Sorte von Zielen auf der Haltungsebene, die im Rahmen des ZRM erarbeitet wurden. Es gibt bereits eine Vielzahl von Studien, die zeigen konnten, dass Motto-Ziele die individuelle Gefühlssteuerung verbessern, sowohl im Umgang mit negativen Gefühlen als auch im Umgang mit positiven Gefühlen. Motto-Ziele ermöglichen Selbstregulation und erhöhen die Selbstbestimmung (Weber, 2013).

- Dadurch, dass Motto-Ziele mit dem Verstand und dem Unbewussten gebildet werden, ist das Ziel an die eigene Erfahrungswelt angebunden. Motto-Ziele werden in einer metaphorischen, bildhaften Sprache formuliert. Das liegt daran, dass die Welt der Bilder die gemeinsame Plattform für das Selbst und den Verstand bilden.
- Da Formulierungen im Futur, der Zukunftsform, den Verstand aktivieren, werden Motto-Ziele zudem im Präsens formuliert. Sie enthalten immer einen Selbstbezug in Form von „ich / mir / mein" und mindestens ein Verb.

Da Motto-Ziele für viele Menschen neu sind, nachfolgend eine Auswahl von Motto-Zielen, die im Kontext schwerster Erkrankung von Patienten und Angehörigen formuliert worden sind.

Ich gleite auf meinen Schwingen
in die unendlichen Weiten.

Wohlige Bärenruhe umhüllt mein Sein.

Ich achte auf meine Bedürfnisse,
nehme meinen Platz ein und lebe im Moment.

Ich fahre mein Schiff in neue Welten
und lasse mir den Wind um die Nase wehen.

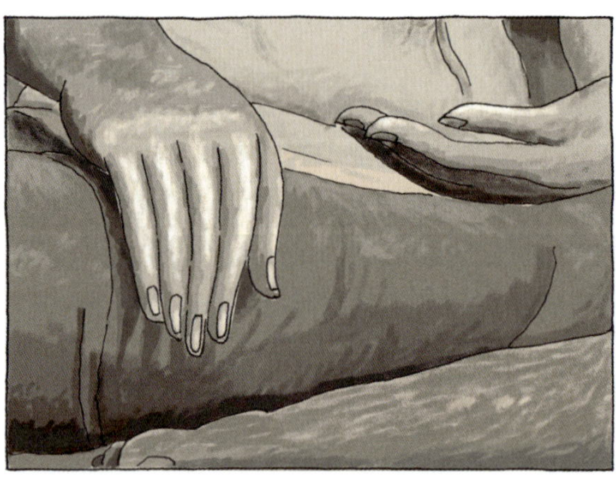

Auf dem Weg ins Licht bin ich eine stützende Hand,
ruhe in mir und bin achtsam.

Instinktiv weiß ich, was gut für mich ist
auf meiner Wanderung in schneeweiße Höhen.
Mit festem Schritt gehe ich MEINEN Weg.

Der Weg zum individuellen Motto-Ziel erfolgt wieder über einen Ideenkorb, der diesmal nicht mit Bildern, sondern mit Wörtern und Sätzen arbeitet. Dafür werden in einem ersten Schritt sämtliche Lieblingsideen auf kleine Zettelchen geschrieben und gemeinsam mit dem Bild beziehungsweise den Bildern auf den Tisch gelegt. Dann wird ein Ideenkorb für mögliche Motto-Ziele erstellt. Der Ablauf ist ähnlich wie im Spiel Scrabble, bei dem Worte aus einzelnen Buchstaben gebildet werden müssen. Nur haben wir hier einzelne Worte, Ideen und Satzfragmente und bauen diese zu möglichst vielen Sätzen zusammen. Die verschiedenen Wortkombinationen werden notiert. Dabei müssen nicht immer sämtliche Lieblingsideen verwendet werden. Und wenn einem bei dieser spielerischen Arbeit neue Worte in den Sinn kommen, ist das natürlich auch erlaubt und wird entsprechend aufgeschrieben. Erst wenn der Ideenkorb gut gefüllt ist, beginnt die Auswertung.

Linda und Bruno führen den Ideenkorb zum Motto-Ziel zusammen durch. Bruno notiert folgende Varianten im Ideenkorb.

Ideenkorb Motto-Ziel

- Ich nutze die Möglichkeiten des Teams, lebe meine natürliche Baumstärke und helle Leichtigkeit und beschütze meine Früchte.
- Gesund und stark spiele ich den Ball gemeinsam und sehe den Himmel über mir.
- Natürlich und stark lebe ich langsam meine helle Leichtigkeit.
- Im Zusammenspiel habe ich den Überblick, gebe den Ball ab und behüte meine Früchte mit Stärke und Leichtigkeit.
- Als Baummutter lebe ich meine natürliche Langsamkeit, blicke zum Himmel und habe den Überblick.
- Ich lebe meine Wurzelkraft und bin natürlich leicht.
- Ich gebe den Ball an das Team, verlangsame natürlich und bin stark und gesund.
- Der Himmel über uns behütet und beschützt meine Früchte.
- Dank meiner starken Wurzeln lebe ich helle Leichtigkeit, ich nutze die Möglichkeiten und bleibe natürlich gesund und stark.
- Ich spüre meine starken Wurzeln, bewege mich in heller Leichtigkeit und habe den Überblick.

„Am Anfang war das ziemlich schwierig für mich, aber mit der Zeit ist es mir immer leichter gefallen. Da haben dann meine Hände ganz von selbst neue Kombinationen zusammengestellt. Dennoch bin ich auch froh um Ihre Ideen. Ich hätte zu Beginn nicht gedacht, dass wir so viele Varianten in den Ideenkorb bekommen." Linda lächelt Bruno an.

Wir empfehlen, sich für diesen Schritt Zeit zu nehmen. Unterstützend kann auch sein, zwischendurch aufzustehen, etwas herumzulaufen und dann weiterzumachen.

Liegen zirka zehn Motto-Ziele im Korb, so kann mit der Sortierung und Auswertung des Ideenkorbes begonnen werden. Am Ende dieses Arbeitsschritts steht dann eine erste Fassung des persönlichen Motto-Ziels. Diese erste Fassung wird dann bei Bedarf im Anschluss verfeinert. Als Unterstützung für die Auswahl des Ideenkorbes wird wieder die Affektbilanz zu Rate gezogen. Markiert werden sämtliche Sätze, Teilsätze und Formulierungen, die eine Affektbilanz von –0 und mindestens +70 haben.

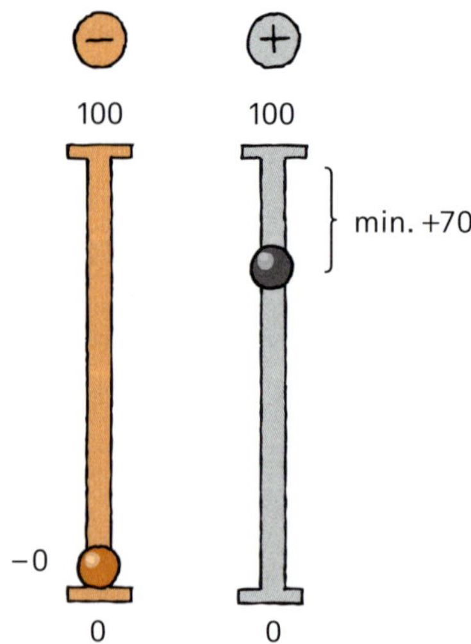

Ideenkorb Motto-Ziel

- Ich nutze die Möglichkeiten des Teams, lebe meine natürliche Baumstärke und helle Leichtigkeit und beschütze meine Früchte.
- Gesund und stark spiele ich den Ball gemeinsam und sehe den Himmel über mir.
- Natürlich und stark lebe ich langsam meine helle Leichtigkeit.
- Im Zusammenspiel habe ich den Überblick, gebe den Ball ab und behüte meine Früchte mit Stärke und Leichtigkeit.
- Als Baummutter lebe ich meine natürliche Langsamkeit, blicke zum Himmel und habe den Überblick.
- Ich lebe meine Wurzelkraft und bin natürlich leicht.
- Ich gebe den Ball an das Team, verlangsame natürlich und bin stark und gesund.
- Der Himmel über uns behütet und beschützt meine Früchte.
- Dank meiner starken Wurzeln lebe ich helle Leichtigkeit, ich nutze die Möglichkeiten und bleibe natürlich gesund und stark.
- Ich spüre meine starken Wurzeln, bewege mich in heller Leichtigkeit und habe den Überblick.

Dass ich meine Früchte, also meine Kinder, behüte und beschütze, brauche ich gar nicht explizit im Motto-Ziel formulieren, das ist bei meinem Baum sowieso dabei. Und nun ist mir auch klar, was mir an dem Wort Langsamkeit gefällt. Es ist ein Gegenstück zu dem Stress, den ich oftmals empfinde, und dazu, dass ich häufig das Gefühl habe, ich muss alles sofort erledigen. Es geht also um das Thema des Gefühls von Versagen. Dazu brauch' ich aber das Wort Langsamkeit gar nicht, das wird auch durch meinen Baum und durch das Wort ‚natürlich' abgedeckt." Die Varianten der Motto-Ziele und die Teilsätze, die Linda gut gefallen, werden nun nochmals neu kombiniert, wiederum in Form eines Ideenkorbs.

„Das reicht schon", lächelt Linda, „ich denke, ich hab's! Mein Motto-Ziel lautet: *Ich bewege mich im Zusammenspiel mit heller Leichtigkeit und lebe meine natürliche Baumstärke.* Das hört sich sehr gut an, das wäre schön, wenn das gehen würde." Mit leicht sorgenvollem Blick schaut sie zu Bruno. „Machen Sie sich bitte keine Sorge um die Umsetzung. Die Studien zum ZRM und den Motto-Zielen haben gezeigt, dass allein die Formulierung des Motto-Ziels die selbstgesteuerte Gefühlsregulation enorm verbessert. Ich schlage vor, dass Sie nun eine Weile mit Ihrem Motto-Ziel unterwegs sind, und falls Sie Bedarf haben, können wir dann noch mit anderen Methoden des ZRM daran weiterarbeiten. Aber bei vielen Themen des menschlichen Lebens hat das Motto-Ziel schon einen tollen Effekt. Wir können bei unserem nächsten gemeinsamen Termin mit Ihrem Mann gerne noch einmal schauen, wie es Ihnen ergangen ist und ob Sie noch weitere Unterstützung möchten. In Ordnung?" Linda bejaht und sagt, dass sie, „ehrlich gesagt", etwas erschöpft sei und sich freue, das Motto-Ziel nun in ihrem Alltag zu leben.

„Bevor wir für heute Schluss machen, möchte ich aber noch eine kurze Überprüfung Ihres Motto-Ziels machen. Im ZRM gibt es drei Kernkriterien, die das Motto-Ziel erfüllen muss, damit dieses handlungswirksam werden kann. Ich erkläre Ihnen diese nun einzeln, und wir prüfen dann jeweils, ob das Kriterium erfüllt ist."

Zweiter Ideenkorb zum Motto-Ziel

- Ich lebe meine natürliche Baumstärke, bewege mich in heller Leichtigkeit und habe den Überblick im Zusammenspiel.

- Im Zusammenspiel habe ich den Überblick, spüre meine starken Wurzeln und lebe meine natürliche helle Leichtigkeit.

- Ich bewege mich im Zusammenspiel mit heller Leichtigkeit und lebe meine natürliche Baumstärke.

- Meine Baumstärke und Leichtigkeit gibt mir natürlich den Überblick im Zusammenspiel.

Drei Kernkriterien für das Motto-Ziel

Kernkriterium 1: Das Motto-Ziel muss als sogenanntes Annäherungsziel formuliert sein.

Als Annäherungsziel wird ein Ziel bezeichnet, das die gewünschte Haltung ausdrückt. Ein Annährungsziel drückt in Worten aus, was ich haben oder machen will. Das Gegenteil des Annäherungsziels ist das Vermeidungsziel. Hier wird im Ziel das Thema formuliert, das ich unterlassen will. Ein Beispiel für ein Vermeidungsziel ist: *Ich will mir nicht mehr so viele Sorgen machen.* Das gleiche Vorhaben als Annäherungsziel formuliert könnte lauten: *Ich schaue optimistisch in die Zukunft.*

Zu jedem Wort werden im Unbewussten Bilder generiert. Zu Verneinungen und Worten wie *nicht*, *kein* und *ohne* erzeugt das Selbst jedoch keine Bilder. Daher aktiviert ein Vermeidungsziel ein Bild von der Situation, die eigentlich vermieden werden will.

„Ich gebe Ihnen ein Beispiel, was damit gemeint ist: *Denken Sie jetzt bitte nicht an Donald Duck.*" Bruno schaut Linda schmunzelnd an. „Das gelingt nicht, stimmt's? Zumindest für einen kurzen Moment ist Donald Duck aufgetaucht. Genauso verhält es sich mit den Vermeidungszielen. Achten Sie bei den Formulierungen und Wörtern in Ihrem Motto-Ziel darauf, welche Bilder diese in Ihnen erzeugen und ob Sie diese Bilder wollen."

Wichtig ist an dieser Stelle auch, dass sogenannte versteckte Vermeidungswörter identifiziert werden, die möglicherweise nicht gleich auf den ersten Blick auffallen. Also alle Wörter die mit *un-* und *ent-* beginnen – wie zum Beispiel *unantastbar, unbefangen, unerschrocken, enthemmt, entlastend oder entspannt* – oder mit *-los* und *-frei* enden – wie zum Beispiel *grenzenlos, bedenkenlos, schwerelos, sorgenfrei, fehlerfrei* oder *angstfrei*. Das Wort *ungehemmt* erzeugt unbewusst das Bild von Hemmung, *entspannt* das Bild von Spannung, *schwerelos* das Bild von Schwere und *sorgenfrei* das Bild von Sorgen. Wenn ein solches

Wort im Motto-Ziel vorhanden ist, wird es durch ein entsprechendes Synonym ersetzt.

„Also, in Ihrem Motto-Ziel sehe ich kein solches Vermeidungswort, aber falls Sie mal wieder ein Motto-Ziel formulieren wollen, ist es wichtig, dass Sie das wissen. Hat man zum Beispiel das Wort *sorglos* in seinem Motto-Ziel, dann kann man einfach im Internet ‚sorglos synonym' eingeben, und schon wird eine Liste angezeigt. Aus den Synonymwörtern – bei *sorglos* könnte das *leicht, spielerisch, frei, sicher, ausgeglichen, ruhig, froh, heiter, begeistert, glücklich* oder *zufrieden* sein – wählt man dann wiederum mit der Affektbilanz aus, was einem am besten gefällt."

Bei diesem Kernkriterium ist es wichtig, dass die Person, die das Motto-Ziel für sich formuliert hat, sich bewusst ist, welche Bilder und Gefühle durch die einzelnen Wörter erzeugt werden. Es gibt allerdings auch Ausnahmen von der Regel, dass keine negativen Formulierungen benutzt werden dürfen. Im Zweifelsfall kann immer die Affektbilanz zu Rate gezogen werden. Wichtig ist, dass die Wörter im Motto-Ziel keinen negativen Affekt erzeugen.

Kernkriterium 2: Das Motto-Ziel muss zu hundert Prozent unter der eigenen Kontrolle sein.

Das Motto-Ziel ist ein Haltungsziel, das bei der Besitzerin oder dem Besitzer einen erwünschten Gefühlszustand erzeugt. Dies äußert sich dadurch, dass negative Gefühle herunterreguliert werden – man spürt beispielsweise Ruhe, Gelassenheit oder Zuversicht – und / oder positive Gefühle erzeugt werden – man spürt beispielsweise Energie, Selbstbewusstsein oder Stärke. Für das Motto-Ziel ist es entscheidend, dass diese neue Haltung unabhängig von anderen Menschen eingenommen und erreicht werden kann. *Gemeinsam mit meinem Partner genieße ich mein Leben* ist die Formulierung eines Motto-Ziels, das nicht zu hundert Prozent unter der eigenen Kontrolle steht.

„Was mache ich, wenn mein Partner eine andere Vorstellung davon hat, wie das Leben zu genießen ist? Oder wenn mein Partner gerade nicht genießen will und andere Prioritäten hat? Oder, wie in Ihrem Fall, der Partner wegen seiner Schmerzen oft gar nicht genießen kann?“ Linda nickt Bruno nachdenklich zu. „Dann ist das Motto-Ziel gefährdet. Apropos: Wie passt die SAPV eigentlich zu Ihrer Formulierung *Ich bewege mich im Zusammenspiel*? Ist da denn ein Zusammenspiel möglich? Wäre die SAPV denn bereit, den zugespielten Ball zu fangen?“ Linda sagt überrascht: „Ja, auf jeden Fall. Das Team von der SAPV ist wirklich eine riesige Unterstützung, die Leute sind sehr herzlich und einfühlsam und bieten mir regelmäßig an, ‚ihnen zuzupassen‘ – um in der Fußballsprache zu bleiben. Es geht nur um mich, dass ich es halt bisher nicht wirklich genutzt habe und alles an mich gerissen habe und die Kontrolle haben wollte. Muss ich denn jetzt etwas an meinem Motto-Ziel ändern?“ Bruno verneint: „Wenn das so ist, dann erfüllt Ihr Motto-Ziel auch das zweite Kernkriterium.“

Kernkriterium 3: Das Motto-Ziel muss auf der Affektbilanz –0 und mindestens +70 aufweisen.

Diese Affektbilanz zeigt an, dass das Selbst mit der neuen Haltung einverstanden ist. Dieses Einverständnis des Selbst ist für das Thema enorm wichtig. Für die Überprüfung der Affektbilanz schreibt Linda ihr momentanes Motto-Ziel auf und macht darunter spontan und schnell die Affektbilanz dazu. Nachstehend ist Lindas Affektbilanz zu ihrem Motto-Ziel abgebildet.

„Somit ist auch das dritte Kernkriterium Ihres Motto-Ziels erfüllt, und es ist damit handlungswirksam. Der Vollständigkeit halber möchte ich Ihnen aber noch erklären, was zu tun ist, wenn die Affektbilanz von –0 und mindestens +70 nicht erfüllt ist und woran das liegen kann.“

Affektbilanz zum Motto-Ziel

Ich bewege mich im Zusammenspiel mit heller Leichtigkeit und lebe meine natürliche Baumstärke.

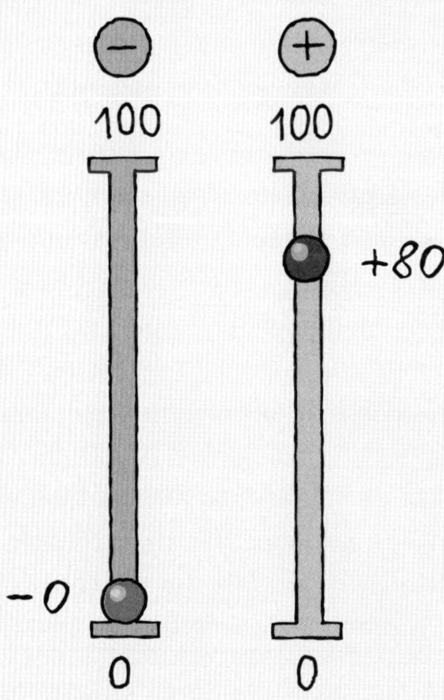

Ist ein Minus auf der Affektbilanz zu verzeichnen, dann kann das folgende vier Gründe haben:

- Im Motto-Ziel ist noch mindestens ein Wort enthalten, das negativen Affekt erzeugt. In diesem Fall sollte für jedes Wort des Motto-Ziels eine Affektbilanz gemacht werden und das entsprechende Wort, welches negativen Affekt auslöst, ersetzt werden.
- Das Motto-Ziel ist nicht komplett. Die Länge eines Motto-Ziels ist kein Kriterium. Es gibt lange und kurze Motto-Ziele. Einige Menschen neigen dazu, das Motto-Ziel möglichst kurz zu formulieren. Dabei kann es passieren, dass wichtige Worte und Formulierungen verloren gehen, die das Selbst für die Erzeugung der neuen Haltung und die Gefühlssteuerung braucht. In diesem Fall geht man einen Schritt zurück zu den Lieblingsideen und dort zum ausgewählten Bild und zum Ideenkorb mit den Motto-Zielen. Man schaut, was verloren gegangen ist, und erweitert das Motto-Ziel.
- Die „Dosis" des Motto-Ziels ist zu stark. Es kann vorkommen, dass Kernkriterium 3 zunächst erfüllt ist und erst nach einiger Zeit ein negativer Affekt auf der Affektbilanz auftaucht. Eine Frau arbeitete mit dem Bild der Vespa-Fahrerin und dem Motto-Ziel „Ich düse mit Vollgas durch mein Leben". Alle Kernkriterien waren erfüllt, und ihre Affektbilanz lag bei –0 und +90. Nach ein paar Tagen zeigte sich ein negativer Affekt von –15. Dieses Minus kam daher, dass es mit Anstrengung verbunden ist, immer mit Vollgas unterwegs zu sein. Nach einem Ideenkorb hatte sie folgendes Motto-Ziel: „Ich fahre in meinem Tempo durch mein Leben." Damit war der negative Affekt verschwunden.
- Der negative Affekt zeigt die Sorge um die Umsetzung an. Im ZRM gibt es verschiedene weitere Methoden, die sich explizit auf den Aspekt der Umsetzung beziehen. Bei Bedarf kann mit

diesen Methoden weitergearbeitet werden (siehe Kapitel: Den Selbstzugang stärken und festigen, Seite 113)

Falls das Motto-Ziel auf der positiven Skala nicht auf mindestens +70 ist, hat das meist folgende Gründe:

- Wichtige Lieblingsideen sind verloren gegangen/vergessen worden. Es empfiehlt sich, zu den ausgewählten Lieblingsideen zurückzugehen und diese noch in das Motto-Ziel einzuarbeiten.
- Das Motto-Ziel ist zu konkret formuliert. Es ist wichtig, dass in diesem Arbeitsschritt kein Ziel auf der Verhaltensebene formuliert wird, da sonst das Selbst zu wenig beteiligt ist und keine oder nur schwache positive Bewertungen abgibt.
- Das Motto-Ziel ist zu kompliziert formuliert. Es ist wichtig, dass die verwendeten Worte im Motto-Ziel für das Selbst klar verständlich sind und dazu Bilder produziert werden können. Abstrakte und komplexe Wörter wie beispielsweise „konstruktiv“ und „reflexiv“ und komplizierte Satzformulierungen überfordern meist das Selbst, und es weiß nichts damit anzufangen.

„Bei der Übung mit der Affektbilanz hatte ich Ihnen ja gesagt, dass es sein kann, dass ein Motto-Ziel Ihre Bewertung der SAPV verändert. Sie hatten die SAPV ja bei der Extremvariante ‚gleichzeitig starke negative und positive Affekte‘ genannt. Jetzt, da Ihr Motto-Ziel steht, würde ich Sie gerne nochmals eine Affektbilanz zur SAPV machen lassen und schauen, ob sich bereits etwas verändert hat. Dies kann sein, muss aber nicht. Es kann auch sein, dass sich Ihre affektive Bewertung erst mit der Zeit verändert, wenn Sie schon eine Weile mit Ihrem Motto-Ziel unterwegs sind.“ Bruno zeichnet eine Affektbilanz auf ein Blatt, schreibt darüber „SAPV“ und reicht Linda einen Stift. „Und Sie wissen ja: nicht lange überlegen, einfach den Stift ansetzen und markieren.“

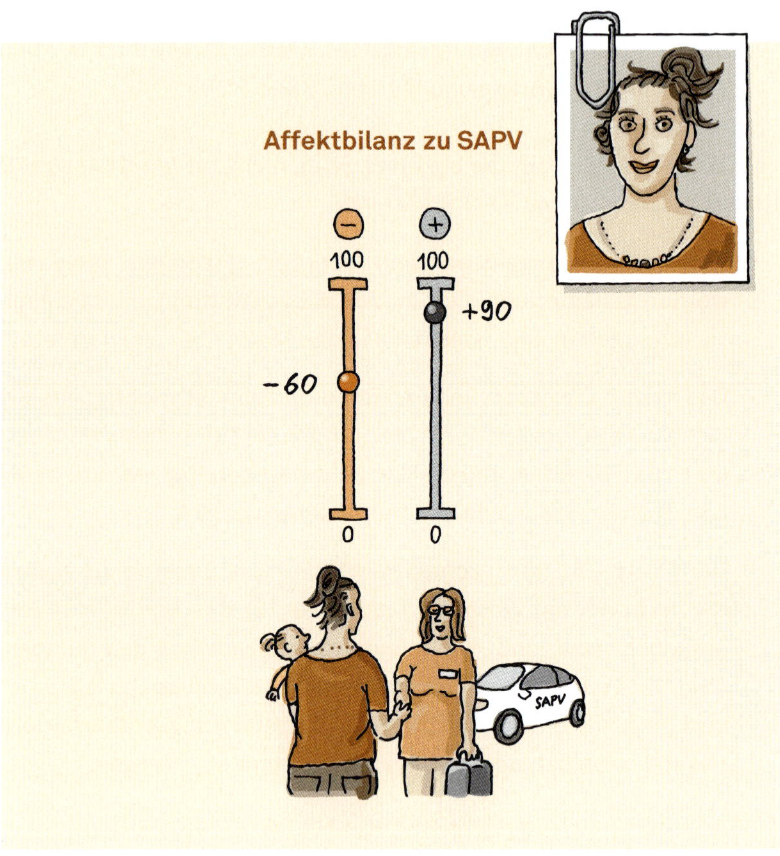

„Das hätte ich nicht gedacht, dass mein Motto-Ziel so schnell wirkt!" Linda schaut überrascht. „Ich merke tatsächlich auch körperlich, dass sich da etwas bei mir verändert hat, und bin gespannt, ob dieses Gefühl auch im direkten Kontakt mit der SAPV bestehen bleibt."

Nun werden wir David und Linda erst einmal verlassen und auf Seite 123 wieder auf sie treffen. Im nächsten Abschnitt begleiten wir Bruno bei seiner Arbeit mit Rosa und Kerstin.

Die Reise zum Selbst

„Momentan geht es mir gut hier", sagt Rosa nach zwei Wochen Aufenthalt auf der Palliativstation am Telefon zu ihrer Tochter Kerstin. Rosa bringt das Thema, das sie seit gestern umtreibt, schnell auf den Punkt: „Sie haben mir angeboten, dass ich einen Platz im Hospiz bekomme. Und irgendwie glaube ich, das wäre die richtige Entscheidung." Kerstin schnaubt: „Und ich? Was ist denn mit mir? Mama, ich möchte wirklich, dass du wieder nach Hause kommst. Es ist mir sehr wichtig, dass ich jetzt für dich da sein kann. Du warst auch immer für mich da, vor allem damals, als Paul mich betrogen hat." Rosa erwidert: „Lass uns bitte ein anderes Mal darüber reden. Ich merke, wie meine Kraft wieder weniger wird, das Sprechen ist anstrengend für mich. Aber du weißt, ich hab' dich sehr lieb, mein Schatz, und natürlich fehlst du mir. Wenn ich ins Hospiz gehe, bedeutet das doch nicht, dass ich dich nicht mehr sehen will." „Okay, Mama, lass uns bitte noch einmal darüber reden. Ich hab' dich auch lieb."

„Ich bin verunsichert, was ich machen soll." Rosa guckt mit müdem Blick zu Bruno. „Kerstin will unbedingt, dass ich nach ihrer Zeit in der Reha wieder nach Hause komme. Ich bin innerlich zerrissen. Einerseits würde ich gerne wieder nach Hause gehen, weil ich mich daheim einfach am wohlsten fühle und dort meine vertraute Umgebung habe. Ich kann von meinem Zimmer in meinen Garten blicken und meinen Blumen beim Wachsen und Blühen zuschauen. Am Wochenende sitzen Kerstin und ich oft stundenlang im Garten.

Das werde ich sehr vermissen. Mein Garten gibt mir eine solche Ruhe. Andererseits möchte ich Kerstin nicht zur Last fallen, und meine Krankheit ist ja auch ein massiver Grund ihrer Erschöpfung. Es schmerzt mich sehr, dass ich sie so belaste. Ich bin froh, dass sie in der Reha ist und ich hier sein kann. Und meine Situation wird ja nicht einfacher. Ich werde immer mehr auf Hilfe und Pflege angewiesen sein." Rosa unterbricht sich, amtet schwer ein und aus und schließt einen Moment ihre Augen. Bruno will es genauer wissen und fragt nach: „Wenn Sie in die nähere Zukunft schauen, gibt es da konkrete Ängste oder Sorgen, die Sie beschäftigen? „Ja, große Ängste. – Wie wird das wohl sein, wenn ich nicht mehr sprechen kann. Manchmal wünschte ich, dass ich wie mein Mann von dieser Welt hätte gehen können. Einfach so, ohne Schmerzen. Ein plötzlicher Unfall und weg war er." Sie schaut Bruno erwartungsvoll an. „Haben Sie einen Tipp, was ich machen soll, wie ich mich entscheiden soll, wenn Kerstin mit ihrer Kur fertig ist? Was macht man denn in einer solchen Situation?" Bruno erklärt ihr, dass es ihre Entscheidung sei, die ihr niemand abnehmen kann. In einer solchen Situation seien Tipps und Ratschläge nicht gut. Es sei wichtig, dass sie die für sie richtige und stimmige Entscheidung trifft. „Ich kann Ihnen anbieten, dass wir eine Entspannungsübung, die sogenannte Reise zum Selbst, machen, und es kann gut sein, dass Sie sich danach leichter tun, die für Sie richtige Entscheidung zu treffen."

Bei der Reise zum Selbst (Storch & Kuhl, 2012) handelt es sich um eine Fantasiereise. Auf dieser Reise wird der Kontakt mit dem Selbst in Form von inneren Bildern erzeugt. Welche Bilder auf dieser Reise auftauchen, ist völlig offen. Es kann sein, dass das Selbst die Gestalt eines lebenden Menschen bekommt, eines lieben Verstorbenen oder eines Engels. Manchen Menschen erscheint ihr Selbst auch in der Gestalt eines Tieres oder eines Fantasiewesens.

Im Rahmen dieser Fantasiereise wird als Anrede das „therapeutische Du" gewählt, um die Kontaktaufnahme zu erleichtern. Je nach Setting, kann aber auch die Sie-Form verwendet werden. Es wird empfohlen, dass die oder der Reisende eine gemütliche und entspannte Position im Bett oder auf einem Sofa einnimmt. Dabei kann man sich auch mit einer Decke zudecken, um das Wohlbefinden bei dieser Übung zu steigern. Wer mag, kann im Hintergrund auch ruhige Musik laufen lassen. Alles, was zur Entspannung und zum Wohlbefinden beiträgt, ist erlaubt.

Für diese Übung braucht es ein Gegenüber, das den folgenden Text langsam und ruhig vorliest und die Person so auf der Reise zum Selbst begleitet. Das Vorlesen des gesamten Textes kann 15 Minuten und länger dauern, Zeit ist ein wichtiger und unterstützender Faktor. Der Reisende taucht in eine Welt ein, in der er sich umschaut, Neues entdeckt und in Kontakt mit seinem Selbst kommt. Zeitdruck, Stress und Hektik sind dabei zu vermeiden.

Es sollte sichergestellt werden, dass während der Reise keine Störungen durch die Außenwelt stattfinden. Telefone sollten aus oder auf stumm geschaltet werden. Je nach Situation kann ein „Bitte nicht stören"-Schild an der Tür empfehlenswert sein.

Nachdem Bruno kurz die Funktionsweise des Selbst und das Treffen von Entscheidungen erklärt hat, fragt er Rosa, ob sie die Reise zum Selbst machen möchte. „Ja, das würde ich gerne. Meditationen und Fantasiereisen habe ich schon immer gerne gemacht, und bisher ist es mir auch recht leichtgefallen, mich dabei zu entspannen und Bilder auftauchen zu lassen. In der jetzigen Situation habe ich aber die Sorge, dass ich mich nicht entspannen kann und dass ich es nicht zulassen kann." Rosa schaut den Palliativpsychologen mit leerem Blick an. Bruno schlägt ihr vor, dass sie es ja einfach mal probiert, dass sie ja nur dazugewinnen, aber nichts verlieren könne. Er fragt Rosa, ob es etwas gibt, das sie beim Entspannen unterstützen könnte. „Also, Musik möchte ich lieber keine, aber zünden Sie doch bitte die Lavendel-Duftkerze auf dem Nachtkästchen an, vielleicht bringt das ja etwas." Sie macht einen tiefen Atemzug. „Also gut, lassen Sie uns beginnen!"

Und Du kannst, wenn Du willst, jetzt damit beginnen, zu Deiner Ruhe zu kommen. Lass den Atem fließen, ein und aus, ein und aus, ein und aus. Vielleicht kannst du allmählich bemerken, wie sich Deine Gedanken im Hier und Jetzt sammeln. Alles, was Du für die Fantasiereise nicht brauchen kannst, darfst du loslassen und dem Wind übergeben. Damit der die überflüssigen Gedanken wegträgt, wie eine Wolke, die am blauen Himmel langsam weiterzieht. Und möglicherweise kannst Du feststellen, dass Dein Atem schon ein wenig ruhiger geworden ist. Ruhiger und tiefer, ruhiger und tiefer, ruhiger und tiefer.

Wenn es Dir angenehm ist, kannst Du Gewicht abgeben, an den Untergrund, der Dich trägt. Alle Muskeln haben die Möglichkeit, locker zu werden und zu entspannen. Und der Atem kann tiefer und tiefer werden. Ruhiger und ruhiger. Tiefer und tiefer. Manche Menschen fühlen zu Beginn einer Fantasiereise eine angenehme Neugierde in sich wachsen. Neugier auf das, was an Bildern auftauchen wird, Neugier auf die Erlebnisse, die man mitnehmen kann, und Hoffnung auf wunderbare Ressourcen, die das weise Selbst immer bereithält. Auch Du kannst Dir diese Neugier erlauben, wenn es Dir guttut und wenn es zu Deinem Wohlbefinden beiträgt. Jeder Mensch hat das Recht auf Wohlbefinden, auch Du hast dieses Recht. Es ist Dein Geburtsrecht, Ressourcen in Dir zu entdecken und sie für Dein Wohlbefinden einzusetzen.

Atme ein und aus. Ein und aus. Ein und aus.

Und Du kannst, wenn Du willst, jetzt damit beginnen, eine Reise in Deine Innenwelt anzutreten. Du kannst meiner Stimme folgen, wenn es für Dich richtig ist, und Du kannst auch jederzeit Deinen eigenen Weg gehen. Wenn eigene Bilder auftauchen, blende meine Stimme einfach aus. Das Bild, das ich Dir vorschlage, ist folgendes:

Es ist früh am Morgen an einem Bergsee. Du stehst am Ufer, und die Sonne schickt die ersten warmen und noch zarten Strahlen und lässt den Tau auf dem Gras glitzern. Vielleicht verspürst Du das

Bedürfnis, Dich der Sonne entgegen zu recken, die morgendliche Frische zu genießen und die reine süße Luft tief in Deine Lungen einzuatmen. Wie fühlt es sich an, wenn Du dich dehnst und Deine Arme nach oben nimmst? Hier oben kannst Du Dich frei fühlen, und die Weite, die Dich umgibt, darf Deine Seele streicheln.

Dein Blick gleitet wie von selbst über das klare Blau des Bergsees, und Du entdeckst am Ufer ein Boot. Es ist ein Ruderboot, und irgendwie spürst Du in Dir drin die Aufforderung, dieses Boot zu besteigen und damit ans andere Ufer zu rudern. Du schiebst das Boot ins Wasser und besteigst es. Du nimmst die Ruder in die Hand. Kannst Du die Frische des Wassers in der Morgenstunde riechen? Dein Körper macht sich mit dem Rudern vertraut. Du ruderst und siehst, wie das Heimatufer in die Ferne rückt, und vielleicht freust Du Dich darüber, wie kraftvoll Deine Bewegungen das Boot dahingleiten lassen. Im gleichmäßigen Rhythmus durchpflügen die Ruder das Wasser. Regelmäßige Geräusche der Ruder im Wasser begleiten Dich. Spürst Du Wassertropfen auf der Haut, oder riechst du den See intensiv?

Allmählich näherst Du Dich dem anderen Ufer.

Die Sonne ist schon höher gestiegen und taucht die Umgebung in angenehmes Licht. Das Boot kommt am anderen Ufer an, Du springst ins seichte Wasser und ziehst das Boot ans Ufer. Hier angekommen verspürst Du das Gefühl von Kraft und Wohlbefinden. Die Pflanzen, die hier wachsen, scheinen besonders saftig zu sein. Die Blumen sind bunt, die Früchte leuchten intensiv in allen Farben. Alles hier ist ein einziger Genuss. Hörst Du die Vögel zwitschern? Wie nimmst Du das zarte Rauschen des Windes wahr? Alles an diesem Ort strömt ein Willkommen für Dich aus. Als wärst Du an einem Platz, der auf geheimnisvolle Weise nur für Dich geschaffen wurde. Manche Menschen haben das Gefühl, dass die Verbindung zwischen ihnen und ihrem Ort ganz selbstverständlich direkt und unmittelbar ist. Während Du Dein Wohlbehagen genießt, bemerkst du einen Pfad, der nach oben in die Berge führt.

Und wieder verspürst Du die innere Aufforderung, etwas zu tun, wie schon am Ufer. Diesmal merkst Du, dass Du diesem Pfad folgen sollst. Der Pfad führt durchs Unterholz, durch saftiges Grün. Der Boden ist weiß, und Deine Beine tragen Dich kraftvoll den Weg entlang. Die Sonne spielt durch das Laub. Du gehst zügig mit genau dem richtigen Rhythmus für Dein Wohlbefinden den Weg entlang, der sanft zu steigen beginnt. Die Vegetation wird spärlicher – der Weg wandelt sich zu einem Bergpfad. Der Kontakt von Deinen Füßen zum Untergrund ist sicher. Du bewegst Dich stabil und elastisch zugleich. Wenn Du nun nach unten schaust, kannst Du den Bergsee sehen. Die Luft wird klar, und eine leichte Brise erfrischt Dich. Du steigst in angenehmem Rhythmus höher und höher. Die Vegetation besteht nur noch aus kleinen Kräutern. Steinfelder machen klar, dass nur noch eine Biegung vor Dir liegt.

Du kommst um die Biegung und befindest Dich auf einer Plattform. Von hier aus hast Du einen Panoramablick über die ganze Umgebung. Du drehst Dich langsam und geruhsam einmal um Dich selber, um alles in seiner Pracht aufzunehmen. Hier umgibt Dich eine Stille, die so leise ist, dass Du nur noch einen Atem hörst. So weit hast Du noch nie schauen können. Du breitest die Arme aus und genießt.

Auf einmal siehst Du am anderen Ende der Plattform eine Bewegung. Deine Aufmerksamkeit richtet sich dorthin, und allmählich siehst Du immer deutlicher eine Gestalt auftauchen. Obwohl Du die Gestalt noch nicht erkennen kannst, fühlst Du Dich von ihr angezogen – Deine innere Stimme sagt Dir, dass diese Gestalt der Grund ist, warum Du hier auf den Gipfel gekommen bist.

Langsam geht ihr beide aufeinander zu. Je näher Ihr Euch kommt, desto deutlicher kannst Du erkennen, wie die Gestalt aussieht. Du spürst eine große Liebe zwischen Euch. Ihr geht aufeinander zu und bleibt einander gegenüber stehen. In den Augen Deiner Gestalt liest Du umfassendes Angenommensein und tiefe Zuneigung.

Diese Gestalt mag Dich so, wie Du bist, wie Du warst und wie Du sein wirst. Sie steht zu Dir, einfach weil Du Du bist. Sie gibt dir ihre Zuneigung als Geschenk. Du spürst friedvolle Akzeptanz, die Dich einhüllt wie eine warme Decke und die Dein Herz erfüllt. Und nun hast Du Zeit, mit Deiner Gestalt Zwiesprache zu halten. Sie weiß, was für Dich gut ist, sie kennt Dich schon von Anbeginn Deiner Existenz. Sie möchte nur eines – Dein Wohlbefinden. Dafür seid Ihr hier. Du hast jetzt Zeit, die Zwiesprache zu genießen, ein Gespräch zu führen oder auf andere Art den Austausch zu suchen.

Ihr unterhaltet Euch friedlich, tief und voller Hingabe. Vielleicht ist Eure Unterhaltung humorvoll und voller Lachen, vielleicht ist Eure Unterhaltung eher ernst und getragen. Vielleicht erlebst Du auch eine Mischung aus vielen Gefühlen. Alles ist gut so, wie es ist. Und alles, was geschieht, kann für Dich zu einer Ressource werden. Du darfst Deiner Gestalt die Fragen stellen, die Dir auf dem Herzen liegen. Und Deine Gestalt gibt Dir die Ratschläge, die gut für Dich und Dein Anliegen sind.

Du kannst so lange, wie Du magst, in diesem Gespräch bleiben. Wenn die Gestalt mal nichts sagt, genießt Du die Ruhe und kannst einfach abwarten, ob ihr noch was einfällt, was Dir gut tut …

[Hier kann die vorlesende Person nun eine kleine Pause von zwei bis fünf Minuten einlegen.]

… Vielleicht kannst Du in Dich hinein spüren. Wie fühlt sich die Begegnung mit der Gestalt an? Fällt Dir auf, dass sich bei dieser Vorstellung etwas in Dir verändert hat? Wenn dem so ist, kannst du Deiner Gestalt erzählen, was genau sich verändert hat? Merkst Du es an Deiner Stimmung? Fühlst Du Dich nun vielleicht wohler oder ruhiger? Zeigt Dir auch Dein Körper, dass Ressourcen in ihm geweckt wurden?

Nun bemerkst Du, dass Deine Gestalt etwas für Dich bereithält. Ein Geschenk, das Dich an dieses Gespräch erinnern soll und das Du mit der Kraft Deiner Fantasie in Dein reales Leben mitnehmen kannst.

Es kann ein Gegenstand, ein Symbol, eine Redeweise, ein Geruch oder etwas Anderes sein. Schau einfach, was Du bekommst. Und wenn Du im Moment noch nicht weißt, wofür es steht, dann nimm das Geschenk trotzdem mit, die Lösung wirst Du noch finden. Du nimmst das Geschenk an und spürst, dass es jetzt Zeit wird, wieder heimzukehren. Du verabschiedest Dich von Deiner Gestalt auf die Art und Weise, die für Dich stimmt. Vielleicht möchtest Du Deine Gestalt umarmen, vielleicht verabschiedet Ihr Euch nur mental. Alles, was geschieht, ist gut und richtig. Kannst Du spüren, wie die Liebe und Fürsorge Deiner Gestalt Dich begleiten wird? Ist es nicht wunderbar zu wissen, dass Du jederzeit mit Deiner Gestalt in Kontakt treten kannst, durch die Kraft Deiner Fantasie?

Ein letzter Blick und Du machst Dich wieder auf den Weg. Die Sonne steht tief, und der spätere Nachmittag bricht an. Deine Füße finden den Weg zurück, wie von allein. Du bist noch ganz erfüllt von dem schönen Erlebnis. Die Kräuter tauchen auf, die ersten Gräser sind zu erkennen. Die Abendsonne schimmert in sanften Farben, und Du tauchst ein in die saftige Vegetation der Ebene. Dein Weg führt zum Wald, und dort durftet es angenehm. Die Sonne scheint jetzt von der anderen Seite. Du spürst einen tiefen Frieden und eine große, warme Harmonie, ein Gefühl, dass die Dinge richtig sind und dass alles im Lot ist. Dein Empfinden sagt Dir, dass sich alles richtig entwickeln wird. Du kommst an den See und spürst die unmittelbare Gewissheit, dass Du immer wieder hierher zurückkehren kannst. Deine Gestalt steht Dir immer zu Verfügung, sie wartet stets auf Dich.

Du schiebst das Boot ins Wasser und visierst das andere Ufer an. Du beginnst, ans andere Ufer zu rudern. Das Ufer hinter Dir wird immer kleiner, und die Sonne steht ganz tief. Vielleicht kannst Du fühlen, wie mit jedem Ruderschlag Dein Wissen tiefer gespeichert wird und Du größere Gewissheit bekommst, was für Dich richtig ist. Du erreichst das Ufer, Dein Boot setzt auf, und Du springst ins seichte Wasser. Du ziehst das Boot an Land.

Wenn Du magst, kannst Du noch einmal die Eindrücke Deiner Reise auf Dich wirken lassen. Vielleicht spürst Du Dankbarkeit, vielleicht spürst Du inneren Frieden, vielleicht fühlst Du Dich auch einfach nur rundum wohl. Alles ist gut so, wie es ist. Du kannst allmählich das Land der Fantasie verlassen und mit Deiner Aufmerksamkeit hier in diesen Raum zurückkommen.

Öffne die Augen dann, wenn Dir danach ist, und dehne Dich und räkle Dich wie eine Katze, die sich nach einem langen erholsamen Schlaf hinter dem Ofen die Glieder streckt. (aus Storch & Kuhl, 2012)

Nach dem letzten Satz braucht Rosa noch ein wenig Zeit, um wieder ins Hier und Jetzt zu zurückzukehren. Sie macht ein paar tiefe Atemzüge und öffnet die Augen. Dabei kullert ihr eine kleine Träne aus dem linken Auge. „Ich brauche noch einen Moment für mich, möchte noch einen Moment in diesem Gefühl bleiben", sagt sie zu Bruno. Ein tiefer Kontakt mit dem Selbst ist für viele Menschen sehr berührend, und auch hier lautet unsere Empfehlung: Zeit geben, Zeit lassen. „So, nun bin ich wieder da", sagt Rosa in ruhigem Ton. „Ich habe ja vor dieser Reise meine Befürchtung geäußert, dass ich mich nicht entspannen kann, aber das war nicht der Fall."

Rosa erzählt von ihrer Reise und der Gestalt, auf die sie getroffen ist. „Die Gestalt war ein großer, wunderschöner weißer Elefant!" Ihre Augen glänzen, und ein Lächeln breitet sich über ihr Gesicht. „Er war so groß und stark und gleichzeitig so sanft und friedlich – ich habe mich sofort wohl und aufgehoben gefühlt." Nach einiger Zeit intensiven Blickkontakts ist Rosa zu ihm gegangen und hat ihn berührt. „Die Haut war fest wie ein Panzer und gleichzeitig aber auch irgendwie weich. Mir fehlen die Worte, besser kann ich die Berührung nicht beschreiben." Sie schließt ihre Augen. „Ja, und dann kam die Stelle mit dem Geschenk. Er hat mir einen großen Blumenstrauß gegeben, das waren alles Blumen aus meinem Garten. Danach hat er mich mit seinem Rüssel umschlungen und mich auf seinen Rücken gesetzt.

Dort oben hatte ich eine wunderschöne Aussicht über alles um uns herum. Ich spürte den Wind in meinem Gesicht, und die Sonne wärmte meine Haut. Dann lief mein Elefant los. Ganz langsam und behutsam, Richtung Sonnenuntergang. In seinem wiegenden, sanften Schritt wurde ich geschaukelt. Ich fühlte mich sicher, behütet und aufgehoben dort oben auf diesem starken Rücken." Eine weitere Träne kullert ihre Backe hinunter.

Nachdem Rosa und Bruno sich noch ein wenig über ihre Begegnung mit dem weißen Elefanten unterhalten haben, fragt Bruno: „Ist die Reise zum Selbst und die Begegnung mit Ihrem Elefanten in irgendeiner Weise hilfreich für Sie, Ihre Entscheidung zu treffen?" Rosa blickt ihn erstaunt an. „Ach ja, richtig, das war ja der Grund für diese Entspannung. Ich erinnere mich, da gab es ja diesen Moment, bei dem ich ihm Fragen stellen konnte. Ich fragte ihn, wie ich mich entscheiden soll. Mein Elefant schaute mich mit ruhigem Blick an und sagte mit tiefer, liebevoller Stimme: Meine liebe Rosa, du hast schon so viele Situationen in deinem Leben gemeistert, und tief in dir drin weißt du, welche Entscheidung für dich die richtige ist. Dann gab er mir den Blumenstrauß, setzte mich auf seinen Rücken, und ich wurde von ihm in den Sonnenuntergang getragen. Mit wiegendem Schritt, umgeben vom Duft der Blumen." Rosa blickt auf und nickt leicht. „Ich werde den Hospizplatz annehmen, ich werde nicht mehr nach Hause gehen, das ist mir nun ganz klar. Ich reite mit meinem Elefanten in den Sonnenuntergang. Alles andere macht keinen Sinn und ist nur mit Stress für alle Beteiligten verbunden. Ich möchte meine letzte Zeit mit möglichst viel Ruhe erleben."

Rosa hat ihre Entscheidung getroffen, aus dem Selbst heraus, mit einem guten Gefühl. „Ich mache mir nur Gedanken, wie ich es Kerstin mitteilen soll. Für sie wird es sicherlich schwierig, meine Entscheidung zu akzeptieren." Bruno bietet Rosa an, bei dem Gespräch dabei zu sein und Kerstin im Anschluss durch eine Übung so zu unterstützen, dass es ihr leichter fällt, die Entscheidung zu akzeptieren.

Entscheidungen akzeptieren

Nach Ende der dreiwöchigen Reha besucht Kerstin ihre Mutter auf der Palliativstation. Rosa teilt ihr ruhig und sanft ihre Entscheidung mit. Kerstin hat Tränen in den Augen und hält dagegen: „Komm wieder nach Hause. Ich will für dich da sein, das bin ich dir schuldig, Mama." Rosa bittet Kerstin, nicht weiter darüber zu reden. Ihre Entscheidung stehe fest, und sie werde den Platz im Hospiz annehmen. „Diese Entscheidung ist nicht gegen dich, meine Liebe, sondern eine Entscheidung für mich. Ich wünsche mir, dass du sie akzeptierst, und freue mich, wenn du mich so oft wie möglich besuchen kommst. So kannst du mich am besten unterstützen." Kerstin schüttelt den Kopf, sie ist verzweifelt und fühlt sich unverstanden.

Bruno bietet ihr an, sie beim Akzeptieren der Entscheidung zu unterstützen. „Wissen Sie", sie wendet sich Bruno zu, „ich kann das schon verstehen, was meine Mutter sagt. Also, mein Kopf kann das verstehen, aber in meiner Gefühlswelt sieht es ganz anders aus. Ich bin wütend, traurig, verzweifelt, ich habe das Gefühl, dass meine Mutter sich einkapseln, mich schonen will und sich davonstiehlt. Als mein Vater damals so plötzlich starb, konnte ich nicht für sie so da sein, wie ich es eigentlich gewollt und gesollt hätte, da ich mit meinen Eheproblemen belastet war. Ich wäre jetzt so gerne für sie da und möchte es wieder gut machen, dass ich sie damals so alleine gelassen habe in ihrer Trauer." Bruno und Kerstin vereinbaren, dass sie sich am kommenden Tag im Besprechungsraum der Palliativstation treffen, um gemeinsam nach einem Weg zu schauen, mit Rosas Entscheidung umgehen zu können.

Nachdem Bruno Kerstin die unterschiedlichen Funktionsweisen von Unbewusstem und Verstand (siehe Kapitel: *Zwei Systeme: Der Verstand und das Unbewusste,* Seite 21) erklärt hat, ist sie damit einverstanden, ihr Selbst zu aktivieren und es zu fragen, was es braucht, damit sie die Entscheidung ihrer Mutter mit gutem Gefühl annehmen kann. Dazu wird Kerstin ein Motto-Ziel erarbeiten. Die Motto-Ziele wurden bereits bei Linda und ihrem Umgang mit der SAPV eingeführt. Wir möchten an dieser Stelle eine Variante vorstellen, ein Motto-Ziel zu bilden – die sogenannte Wunschelemente-Technik.

Wunschelemente

Anstelle von „äußeren" Bildern, wie sie in der ZRM-Bildkartei und im ZRM-Online-Tool genutzt werden, wird bei der Wunschelemente-Technik mit „inneren" Bildern gearbeitet. Diese Bilder kommen direkt aus dem Selbst und sind höchst individuell. Wunschelemente werden über eine bestimmte Fragetechnik aktiviert: „Welches Wunschelement verfügt über Eigenschaften, die mich bei meinem Thema unterstützen?"

Es gibt verschiedene Kategorien von Wunschelementen, und es empfiehlt sich, die einzelnen Kategorien zügig durchzugehen und zu schauen, bei welcher Kategorie das Selbst Ideen schickt.

„Welches Wunschelement hat Eigenschaften, die Sie dabei unterstützen, die Entscheidung Ihrer Mutter anzunehmen? Ich werde Ihnen jetzt verschiedene Wunschelemente aufzählen, und Sie schauen einfach mal, ob in Ihnen ein Bild oder Bilder auftauchen."

- Gibt es ein **Tier,** das Eigenschaften hat, die Sie dabei unterstützen?

- Gibt es ein **Fahrzeug,** das Eigenschaften hat, die Sie dabei unterstützen?
- Gibt es eine **Person,** real oder fiktiv, die Eigenschaften hat, die Sie dabei unterstützen?
- Gibt es eine **Landschaft,** die Eigenschaften hat, die Sie dabei unterstützen?
- Gibt es eine **Pflanze,** die Eigenschaften hat, die Sie dabei unterstützen?
- Gibt es **Musik** oder ein **Lied,** die oder das Eigenschaften hat, die Sie dabei unterstützen?

„Also bei den ersten Wunschelementen war bloße Leere in meinem Kopf, und ich dachte schon, dass diese Methode bei mir wohl nicht funktioniert. Aber als Sie ‚Landschaft' gesagt haben, da ist ein klares Bild in meinem Inneren aufgetaucht." Kerstin lächelt. „Wir sind früher als Familie, als Christian und ich noch Kinder waren, jedes Jahr ins Tessin gefahren und haben dort Wanderungen gemacht. Ich kam mir immer wie in einem verwunschenen Märchenwald vor. Diese alten Steinwege, die noch aus der Zeit der Römer stammen, meistens entlang wunderbar klarer Flüsse und beschattet von alten Marronibäumen. Auf diesen Wegen gibt es auch immer wieder alte Steinbrücken, ein solcher Weg war auch in meinem inneren Bild da." Bruno fragt Kerstin, ob noch weitere Bilder aufgetaucht sind. „Nein, bei den anderen Wunschelementen kamen keine Bilder mehr, ist das schlimm?" Bruno beruhigt Kerstin und sagt ihr, dass sie ja bereits ein tolles Wunschelement gefunden habe und eines vollkommen ausreiche. Bei manchen Themen tauchen mehrere Wunschelemente auf, bei anderen nur eines. Bruno erklärt, dass sie nun den Dolmetschprozess für ihr Selbst starten, um herauszufinden, was Kerstins Selbst mit diesem Wunschelement sagen will und was dieses mit dem Akzeptieren von Rosas Entscheidung zu tun hat. Als Erstes erstellen die beiden einen Ideenkorb zu Kerstins Wunschelement.

Ideenkorb zum Wunschelement

Tessiner Wald

- Kindheit
- Unbeschwertheit
- wandern
- alte Wege (Römerzeit)
- Schritt für Schritt
- Ruhe
- im Moment sein
- Natur
- sattes Grün
- Brücken als Verbindung
- Waldgeruch
- Sommerwärme
- Abenteuer erleben auf dem Weg
- Ferien
- abschalten
- meditativ
- Märchenwald
- geheimnisvoll
- Kraft
- Energie
- klare Flüsse
- Erfrischung
- Rauschen des Wassers
- Wechsel zwischen sonnigen und schattigen Wegen
- eine Pause einlegen
- sich spüren
- klare Waldluft
- einatmen
- durchatmen
- Gelassenheit
- auf das eigene Lauftempo achten und sich Pausen gönnen
- Familie
- Spaß haben
- Neues entdecken
- Waldlichtung
- Pausen machen
- ausruhen

Nachdem Kerstin ihre Lieblingsideen aus dem Ideenkorb ausgewählt hat, fragt Bruno sie: „Was könnte Ihnen das Selbst damit sagen wollen? Was könnte das mit dem Akzeptieren der Entscheidung Ihrer Mutter zu tun haben?" Kerstin schaut Bruno nachdenklich an: „Ich denke, es geht darum, bei ihr zu sein. Sie nicht alleine zu lassen auf diesem, ihrem letzten Weg. Und ich soll keine Angst haben, sie zu begleiten. Deswegen hat mir mein Selbst wahrscheinlich diese vertraute Landschaft aus meiner Kindheit geschickt. Ich muss einfach bei ihr sein, mit ihr gehen und dabei gut auf mich achten, damit ich ruhig und gelassen gemeinsam mit ihr wandern kann. Macht das Sinn?"

Bruno bestärkt Kerstin: „Ich möchte die Frage an Sie zurückgeben, denn es geht hier um Sie und Ihr Selbst. Macht es denn für Sie Sinn?" Kerstin bejaht und fügt seufzend hinzu: „Aber das ist ja genau das, was ich will! Bei ihr sein und sie begleiten. Nur wäre das viel einfacher, wenn sie zurück nach Hause käme."

Bruno ermuntert Kerstin, ihr Wunschelement und die Lieblingsideen nochmals genau zu betrachten und sich zu überlegen, wie diese dabei helfen könnten, die Entscheidung ihrer Mutter zu akzeptieren. „Ja, ich weiß, es ist ihr Weg, ihre Entscheidung. Ich möchte meine Mutter auf ihrem Weg begleiten, ihn mit ihr gemeinsam wandern. Dabei wünsche ich mir, dass ich ruhig und gelassen sein kann – für sie, aber auch für mich. Wenn ich zu gestresst bin, lande ich im schlimmsten Fall wieder in der Reha und meine Mutter", Kerstin schluckt, „stirbt ohne mich. Das könnte ich mir nicht verzeihen. Ich möchte ruhig sein, möchte stark sein auf diesem Weg. Dazu brauche ich Energie." Kerstin überlegt einen Moment. „Und die Energie brauche ich auf dem ganzen Weg. Dafür ist es wichtig, dass ich auch auf mich achte und Pausen mache. Das alles würde ich wirklich gerne. Nur bin ich mir halt nicht sicher, ob ich dies so ruhig und gelassen kann, wie mir mein Selbst vorschlägt."

Bruno beruhigt Kerstin und sagt ihr, dass sie nun als nächsten Schritt ihr Motto-Ziel formulieren und sich danach um die Umsetzung kümmern werden. „Ich werde Ihnen eine Methode erklären, mit der Sie genau diese gewünschte Kompetenz erlernen können. Aber ein Schritt nach dem anderen. Zuerst kümmern wir uns um Ihr Motto-Ziel."

Die nächsten Arbeitsschritte im Dolmetschprozess und in der Synchronisation folgen dem Ablauf, der in dem Kapitel *Die eigenen Gefühle regulieren* (Seite 66) beschrieben ist. Am Ende hat Kerstin für ihr Thema „Entscheidung der Mutter akzeptieren" das folgende Motto-Ziel formuliert:

Stark, ruhig und gelassen
wandere ich den Weg bis zur Lichtung.

Die Arbeit mit Wunschelementen hat sich in der klinischen Arbeit der Autoren auch für die Arbeit mit Sterbenden als sinnvoll erwiesen, die Angst und starke negative Gefühle in Bezug auf das eigene Sterben oder den Tod erleben.

Bei einer 45-jährigen Frau, die an Multipler Sklerose in fortgeschrittenem Stadium erkrankt ist, taucht als Wunschelement ein Schmetterling auf. Da sich weder Bruno noch seine Patientin mit Schmetterlingen auskennen, recherchiert Bruno im Internet und findet dort folgende Beschreibung: Der Lebenszyklus eines Schmetterlings besteht aus der Abfolge von vier grundverschiedenen Entwicklungsstadien, die teilweise besonders bizarr und fremdartig erscheinen. Eine solche Entwicklung bezeichnet man als „vollständige Metamorphose", und in der Tat lässt beim Anblick einer Raupe nichts darauf schließen, dass einmal ein prächtiger Schmetterling daraus hervorgeht (vgl. butterflycorner.net). Nach den beschriebenen Arbeitsschritten entwickelt die Frau das Motto-Ziel:

> Ich verpuppe mich in meinem Kokon und erwarte zuversichtlich meine Schmetterlingsmetamorphose.

Bei einem 54-jährigen Mann, Gärtner von Beruf, der an einem Glioblastom leidet, steht die Einleitung einer palliativen Sedierung bevor, das heisst ein künstlich herbeigeführtes Koma als letztmögliche Intervention, wenn keine therapeutische Alternative mehr besteht. Für das Thema Sterben schickt ihm sein Selbst das Bild eines Schlafbaumes, auch Seidenbaum genannt. Nach einigen Ideen von Bruno fällt ihm ein, dass diese Bäume nachts und bei Trockenheit ihre Blätter und Blüten zusammenklappen und sich auf diese Weise schützen. Sein Motto-Ziel lautete:

> Ich klappe meine Blätter ein, schütze meine zartrosa Blüten und träume mich in meinen Schlaf.

Den Selbstzugang stärken und festigen

„Mein Motto-Ziel gefällt mir sehr gut! Jetzt bin ich gespannt, wie es weitergeht. Wie soll das denn jetzt gehen, dass ich diese Kompetenz bekomme?“, fragt Kerstin neugierig. Das Motto-Ziel stellt eine neue Haltung, eine Änderung der Einstellung zum ursprünglichen Thema dar. Dadurch, dass diese Einstellungsänderung vom eigenen Selbst getragen ist, ändert sich auch die Gefühlslage zum Thema. Negative Gefühle werden reduziert und / oder positive Gefühle werden aktiviert. Diese Haltung gilt es nun zu stärken, damit sie tragfähig ist und das Motto-Ziel zuverlässig die Gefühle regulieren kann.

Das Thema, dem wir uns jetzt zuwenden, heißt: Wie funktioniert Lernen? Dazu betrachten wir das menschliche Gehirn und die Vorgänge beim Lernen. Das menschliche Gehirn ist zeitlebens veränderbar und lernfähig und bis ins hohe Alter hinein zu wesentlichen, auch strukturellen Veränderungen in der Lage. Erfolgreiche Hirnverbindungen werden verstärkt, mit dem Ergebnis, dass sie bei künftigen Entscheidungs- und Handlungsabläufen mit erhöhter Wahrscheinlichkeit genutzt werden. Weniger erfolgreiche oder mit Misserfolg gekoppelte neuronale Bahnen hingegen verkümmern und verlieren entsprechend an Kraft und Attraktivität. Der gesamte Vorgang wird als neuronale Plastizität bezeichnet (Storch & Krause, 2017).

Die Frage ist nun, wie sich eine neue und erst rudimentär ausgebildete Verbindung stärken lässt. Lernt ein Mensch etwas Neues, finden im Gehirn immer die gleichen neurobiologischen Prozesse statt.

Nervenfasern verbinden sich miteinander an ihren Enden, den sogenannten Synapsen. Wird etwas Neues gelernt, schließen sich mehrere Nervenfasern zu einem sogenannten neuronalen Netz zusammen. Bei diesem Vorgang ist es vollkommen egal, was gelernt wird: Spanisch sprechen, Trompete spielen oder die neue Haltung des Motto-Ziels. Jedes Mal, wenn das neue neuronale Netz aktiviert wird, schütten die Synapsen sogenannte Transmitterstoffe aus, die die Verbindung stärken. Je öfter diese neue Verbindung aktiviert wird, desto stärker wird das Netz. Und je stärker dieses neue Netz wird, desto einfacher kann darauf zurückgegriffen werden beziehungsweise desto einfacher ist es, das Gelernte umzusetzen und anzuwenden.

Durch die Bildung des Motto-Ziels haben sich im Gehirn bereits Nervenzellen zu einem neuen neuronalen Netz verbunden. Und wie bereits erwähnt, zeigen Studien zum ZRM, dass bereits das Motto-Ziel allein starke Effekte auf die Gefühlsregulation hat. Um die neue Kompetenz sicher zu lernen, muss das neue neuronale Netz möglichst häufig aktiviert werden. Durch die Aktivierung feuern die Synapsen, schütten Transmitterstoffe aus und sorgen so dafür, dass das Netz stark und zuverlässig arbeitet.

„Was heißt das jetzt für mich?“ Kerstin schaut Bruno fragend an. „Muss ich jetzt dauernd mein Motto-Ziel vor mich hersagen? Ich kann Ihnen jetzt schon sagen, dass ich es mit der Zeit vergessen werde. Ich habe momentan wirklich zu viel um die Ohren und weiß, dass das über kurz oder lang versanden wird – auch wenn mir mein Motto-Ziel gut gefällt.“

Kerstin beschreibt eine Tatsache, die in vielen Coachings und Therapien nur wenig Berücksichtigung findet. Häufig wird der Transfer in den Alltag unterschätzt beziehungsweise stellen die Menschen nach einiger Zeit fest, dass sie das Gelernte nicht konsequent üben und so das neue neuronale Netz verkümmert. Bruno stimmt Kerstin zu: „Natürlich kann das Netz bewusst aktiviert werden. Das stärkt die Verbindung. Für einige meiner Patienten habe ich das Bild oder die

Bilder samt Motto-Ziel auf DIN A4-Größe ausgedruckt. So können es die Patienten neben ihrem Bett aufstellen und sich bei Bedarf erinnern. Im ZRM nutzen wir jedoch zusätzlich eine Methode, die das Motto-Ziel auf unbewusster Ebene stärkt und wachsen lässt. Diese Methode wird Priming genannt und stammt ursprünglich aus der Sozialpsychologie. Es ist also keine Erfindung des ZRM. Jedoch ist die Art und Weise, wie wir das Priming im ZRM nutzen, eine einmalige Neuerung. Ich erkläre Ihnen nun erst einmal, was Priming ist, und danach, wie wir diese Methode nutzen können, um Ihr neues Netz unbewusst zu aktivieren und zu stärken."

Priming

„Ich möchte zu Beginn ein kleines Live-Experiment mit Ihnen machen. Ich werde Ihnen nun nacheinander einfache Fragen stellen, bitte beantworten Sie jede Frage möglichst schnell."

Bruno: „Welche Farbe haben die Wolken?"
Kerstin: „Weiß."
Bruno: „Welche Farbe hat der Schnee?"
Kerstin: „Weiß natürlich."
Bruno: „Welche Farbe hat ein Brautkleid?"
Kerstin: „Auch weiß."
Bruno: „Was trinkt die Kuh?"
Kerstin: „Milch."

Nach einer kurzen Pause schmunzelt Bruno. „Sind Sie sicher? Die Kuh trinkt Milch?"

Kerstin schaut Bruno ungläubig an. „So ein Quatsch, wie komme ich denn darauf? Die Kuh trinkt natürlich Wasser." Kerstin hat soeben den Vorgang des Primings erlebt. Damit ist gemeint, dass ein neuronales Netz unterhalb der Bewusstseinsschwelle aktiviert wird, so dass es auf Verhalten und Entscheidungen unbemerkt Einfluss hat. Durch die Beschäftigung mit der Farbe Weiß wurde die falsche Antwort auf unbewusster Ebene vorbereitet. Durch diese Art des Vorbereitens lassen sich nicht nur spontane Antworten, sondern auch Urteile und Handlungen beeinflussen, wie durch zahlreiche sozialpsychologische Experimente nachgewiesen wurde.

In der folgenden Priming-Studie ging es um die Erzeugung von Kreativität (SASSENBERG, MOSKOWITZ, FETTERMAN & KESSLER, 2017). Die Studienteilnehmenden wurden zufällig in drei Gruppen aufgeteilt. In der ersten Gruppe wurde dazu aufgefordert, an drei Situationen zu denken, in denen die Teilnehmenden in der Vergangenheit kreative Ideen hatten. Durch diese Aufforderung sollte bei den Gruppenmitgliedern ein kreatives Denkmuster aktiviert werden. In der zweiten Gruppe erfolgte keine Instruktion, und in der dritten Gruppe sollte an Situationen gedacht werden, in denen die Teilnehmenden in der Vergangenheit besonders sorgfältig waren. Danach machten alle Studienteilnehmenden einen Kreativitätstest, in dem es darum ging, neue Namen für Gegenstände zu erfinden. Beispielsweise mussten in einer Runde des Tests neue Namen für Nudelsorten entwickelt werden, ohne sich an bereits bestehenden Nudelsorten wie Cannelloni, Makkaroni, Rigatoni oder Spaghetti zu orientieren. Die Mitglieder aus der ersten Gruppe, bei der vorher ein kreatives Denkmuster aktiviert wurde, schlugen innovativere Namen für die zu benennenden Gegenstände vor. Durch die Aktivierung der Kreativität wurde die Ideensuche also erleichtert.

Bei einem anderen Experiment wollten Wissenschaftler aufzeigen, dass das Tragen bestimmter Kleidungsstücke Auswirkung auf unsere Haltung und unser Verhalten hat (ADAM & GALINSKY, 2012). Den

Versuchspersonen wurde erklärt, dass amerikanische Behörden überlegten, bestimmte Berufsgruppen zwingend mit Berufskleidung auszustatten. Ziel der Studie sei es herauszufinden, welche Meinung die Bevölkerung zu diesen Kleidungsstücken habe. Zunächst sollten alle Versuchspersonen den gleichen weißen Kittel anziehen. Der einen Gruppe wurde gesagt, dass es sich um einen Arztkittel, der anderen, dass es sich um einen Künstlerkittel handelte. Bevor es zum eigentlichen Versuch kann, wurden die Teilnehmenden gebeten, einige Fragen über das Kleidungsstück zu beantworten. Danach durchliefen sie eine Reihe von Aufmerksamkeitsübungen am Computer. Ein Teil dieser Übungen bestand aus „Finde den Unterschied"-Bildern. Es wurden jeweils zwei gleiche Bilder gezeigt, die bis auf vier kleine Unterschiede identisch waren. Dies war der eigentliche Untersuchungsgegenstand der Studie. Die Teilnehmenden, die dachten, sie trügen einen Arztkittel, fanden 50 Prozent mehr Fehler, waren also viel fehlersensibler als die vermeintlichen Künstler.

Es gibt mittlerweile unzählige derartiger Experimente. Allesamt zeigen diese Studien, dass durch Priming Gedächtnisinhalte unbewusst aktiviert werden und dass diese unbewusste Aktivierung Einfluss darauf hat, wie Menschen anschließend bewerten, entscheiden und handeln. Priming ist weder gut noch schlecht, es existiert einfach.

In der Sozialpsychologie wird Priming genutzt, um Verhalten, Bewertungen und Entscheidungen in eine Richtung zu lenken. Doch nicht nur in der Wissenschaft ist Priming bekannt. Es wird oft in der Werbung oder im Marketing eingesetzt, und auch im Alltag ist der Priming-Effekt zu finden. Das letzte Urlaubssouvenir, der Ehering am Finger, die Einkaufstüte vom Supermarkt – all das ist Priming in Aktion.

Durch die Parallelverarbeitung des Selbst, das immer aktiv ist, wird man den ganzen Tag geprimt. Es ist nicht möglich, nicht geprimt zu werden!

Darum lautet die Message des ZRM: Prime dich selbst, sonst tut's ein anderer! Im ZRM nutzen wir die Methode des Primings, um das Motto-Ziel zu stärken. Um die gewünschte neuronale Verbindung zu verstärken, wird diese mittels Priming aktiviert.

„Mit diesem Wissen können Sie sich ab jetzt auf Ihr Motto-Ziel primen, indem Sie sich neue Gegenstände zulegen und strategisch klug in ihrem Alltag verteilen. Dafür ist es natürlich wichtig, dass diese Gegenstände zu Ihrem Motto-Ziel passen. Diese Gegenstände werden im ZRM Erinnerungshilfen genannt." Bruno bietet Kerstin einen Ideenkorb für Erinnerungshilfen zu ihrem Motto-Ziel an. „Manche Motto-Ziele haben eine Farbe. Falls dies bei Ihnen der Fall ist, können Sie diese Farbe oder Farben auch zum Primen nutzen. Die Erinnerungshilfen können alltägliche Gebrauchsgegenstände, aber auch kreative Gegenstände sein. Allerdings sollte die Besitzerin oder der Besitzer des Motto-Ziels spüren, dass der Gegenstand zum Motto-Ziel passt. Bei Unsicherheit in diesem Punkt können Sie mit der Affektbilanz Ihr Selbst befragen, ob dies wirklich der Fall ist."

„Bevor wir mit dem Ideenkorb beginnen", unterbricht Kerstin Bruno, „habe ich es richtig verstanden, dass es sich um neue Gegenstände handeln muss?" Bruno bejaht Kerstins Frage und ergänzt: „Alte Gegenstände sind bereits mit anderen Netzen im Gehirn assoziiert und können dadurch nicht für das unbewusste Priming genutzt werden. Ich stelle Ihnen jetzt zur Unterstützung bei der Suche nach Erinnerungshilfen eine Reihe von Fragen und schreibe alle Ihre Ideen mit:

- Was sehen Sie als Erstes, wenn Sie aufwachen?
- Wohin gehen Sie dann (Küche, Bad, ...)?
- Wo können Sie im Badezimmer Erinnerungshilfen zwecks Primen installieren?
- Wo beim Frühstück in der Küche?
- Wo beim Verlassen des Hauses?

- Wie können Sie sicherstellen, dass Ihr neues Netz unterwegs aktiviert ist?

„Und dann werde ich morgens oder abends noch eine Runde im Wald spazieren gehen. Das primt mich dann ja auch“, sagt Kerstin vergnügt. Natürlich kann Kerstin das machen, allerdings handelt es sich dabei um keine Erinnerungshilfe. Erinnerungshilfen sind Gegenstände, die einmal zugelegt werden und ab dann das Netz im Gehirn für das Motto-Ziel primen. An den Waldspaziergang muss Kerstin bewusst denken. Der Vorteil von Erinnerungshilfen ist es, dass man sich bewusst gar nicht mehr darum kümmern muss. Dies hat wiederum den Vorteil, dass das Leben mit all seinen Aufgaben und Herausforderungen normal weiterlaufen kann, ohne dass bewusst an die Aktivierung des neuen neuronalen Netzes gedacht werden muss. „Okay, das sehe ich ein. Dann schaue ich eben, ob ich bei meinem nächsten Waldspaziergang Gegenstände finde, die ich bei mir zu Hause als Erinnerungshilfen nutzen kann. Zum Beispiel ein paar Tannenzapfen als Dekoration.“

Ideenkorb Erinnerungshilfen

Stark, ruhig und gelassen wandere ich den Weg bis zur Lichtung.

Passwörter ändern

Marroni oder Stein in der Handtasche

Kleine Buddhastatue für Gelassenheit

Kaffeetasse

Bonsai-Bäumchen

Schlüsselanhänger

Schmuck, Uhr

Hintergrundbild am Handy ändern (Bild aus dem Tessin)

Weckton und Klingelton am Handy ändern (Waldgeräusche)

Hintergrundbild am Laptop

Kleidung, Gürtel

Kugelschreiber

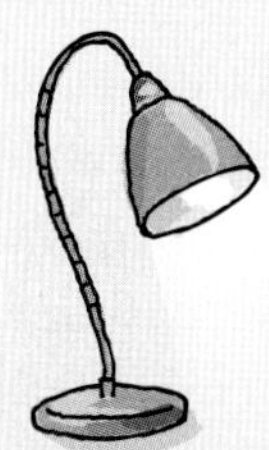

Neue Nachttischlampe
mit einem strahlenden Licht

Parfum

grünes Toilettenpapier

Neue Sorte Grüntee

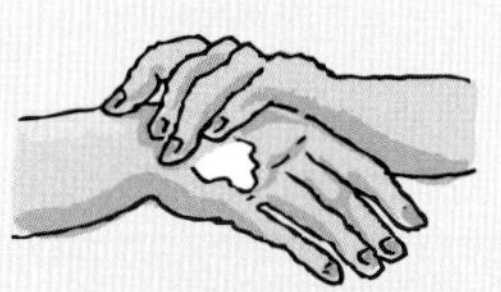

Bodylotion oder Shampoo
(Farbe und/oder Duft)

Zimmerbrunnen

Dekoration
fürs Wohnzimmer

Kissen oder Decke
fürs Sofa

Dunkelgrüne Servietten

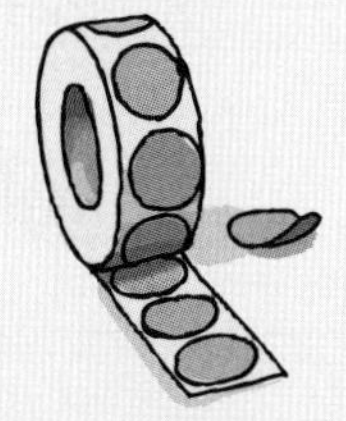

Dunkelgrüne Klebepunkte
an verschiedenen Orten
verteilen

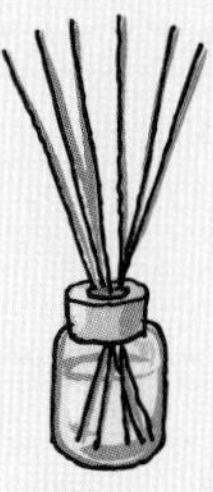

Raumduft „Wald"

Schuhe, die ans
Wandern erinnern

„Jetzt habe ich aber doch noch eine Frage." Kerstin schaut Bruno etwas unsicher an. „Sie haben ja mit meiner Mutter auch mit dem ZRM gearbeitet, um sie beim Treffen ihrer Entscheidung zu unterstützen. Können Sie mir denn ihr Motto-Ziel verraten, damit ich ihr ein paar Erinnerungshilfen besorgen kann?" Bruno erklärt Kerstin, dass er als ZRM-Coach der Schweigepflicht unterliegt und dies nicht möglich ist. „Aber natürlich können Sie Ihre Mutter direkt darauf ansprechen und im Gegenzug von Ihren eigenen Erfahrungen mit dem ZRM berichten. Nur, damit es keine Verwirrung gibt: Rosa und ich haben kein Motto-Ziel formuliert, sondern sind bei der Arbeit mit Bildern stehen geblieben. Das war für sie ausreichend, um ihre Entscheidung zu treffen."

Nach einer Woche ruft Kerstin Bruno an und erzählt ihm von den letzten Tagen: „Als mir meine Mutter bei meinem letzten Besuch von ihrem weißen Elefanten und dem Blumenstrauß erzählt hat, war ich richtig gerührt. Und ihr ging es vermutlich ähnlich, als ich ihr von unserer Tessin-Wanderung berichtete. Ich möchte mich bei Ihnen bedanken." Kerstin macht eine kurze Pause und sagt dann schnell: „Ich bin gerade unterwegs und habe nicht viel Zeit, weil ich für meine Mutter und mich noch ein paar Erinnerungshilfen zum Primen besorgen will, bevor ich zu ihr gehe. Auf jeden Fall werde ich einen Strauß Blumen im Garten pflücken, da wird sie sich bestimmt freuen."

An dieser Stelle verlassen wir Rosa und Kerstin und wenden uns wieder David und seiner Frau Linda zu.

Sofortmaßnahme gegen unerwünschte Automatismen

Im Einzelgespräch zwischen David und Bruno stellt sich heraus, dass David unter Verhaltensweisen leidet, die „wie automatisch abgespult werden". Außerdem hat David immer wieder mit Angst- und Panikattacken zu kämpfen und möchte auch hierbei Unterstützung. Dieses automatisch abgespulte Verhalten und die plötzlich auftauchenden Attacken werden im ZRM auch als unerwünschte Automatismen bezeichnet. Verhalten also, das einfach geschieht, ohne dass der Betroffene die Möglichkeit hat einzugreifen.

David erzählt Bruno von Situationen, in denen unerwünschte Automatismen auftauchen, denen er sich ausgeliefert fühlt. „Da gibt es für mich mehrere, die regelmäßig auftauchen. Ein Thema, das wir ja schon besprochen haben, ist immer noch die Kommunikation mit Linda. Die Arbeit mit den Affektbilanzen ermöglicht es mir zwar, dass wir uns über den Tag austauschen, aber wenn Linda den Tod ..." David unterbricht sich kurz, „... meinen Tod anspricht, dann bin ich einfach nur sprachlos. Mir schnürt es dann wortwörtlich den Hals zu, und ich bin wie gelähmt und verstumme." David überlegt einen Moment. „Ich denke, es wäre gut und wichtig, wenn wir über meinen Tod sprechen. Aber das Thema ist so groß, so weitgreifend, dass ich gar nicht weiß, wo wir anfangen sollen. Und wenn Linda ein Gespräch darüber beginnen will – mit ihrem mitleidigen Blick – dann mache ich einfach zu. Auch wenn ich es nicht will."

David hat für sich bereits eine Affektbilanz zum Thema Tod gemacht, um selbst darauf zu kommen, warum er körperlich so reagiert. „Meine Affektbilanz ist –95 und +80. Ich habe starke gemischte Gefühle zu diesem Thema. Der Tod hat für mich mittlerweile eine andere Bedeutung erhalten." David weicht Brunos Blick aus. „Früher war der Tod einerseits etwas sehr Schlimmes und andererseits etwas Surreales. Natürlich hat sich das durch meine Diagnose verändert. Und nun, da die letzte Chemo nicht angeschlagen hat und die Schmerzen zunehmen, hat der Tod etwas Erlösendes, etwas Friedliches für mich. Das ist das Positive. Oft liege ich da und möchte einfach nur, dass es aufhört, dass der Sensenmann mich holen kommt – wie man so sagt." David schließt seine Augen. „Und gleichzeitig macht es mir unglaublich Angst, und ich mache mir so große Sorgen um die Zukunft meiner Familie. Wie sollen sie es nur ohne mich schaffen. Es ist so ungerecht, so gemein. Meine Kinder werden ohne ihren Vater aufwachsen, und Linda muss das alles ganz alleine stemmen." Bruno nickt verständnisvoll. „Dabei ist es doch meine Aufgabe als Vater und Ehemann, für meine Familie zu sorgen. Nur ist das jetzt nicht mehr möglich, und ich habe große Mühe mit diesem Rollenwechsel. In den Augen meiner Familie bin ich doch nur noch der Kranke, der Schwache, den man schonen muss. Da kommt bei mir eine richtige Wut hoch!" David schnauft hörbar und fragt Bruno, wie ihm denn die Affektbilanz bei seinem unerwünschten Automatismus helfen kann. „Bei der Affektbilanz geht es in erster Linie darum, die Bewertung des Unbewussten zu einem Thema bewusst zu machen und zu versprachlichen. Manchmal kann dies zu einer Änderung der Bewertung führen. Allerdings ist das bloße Wissen um das Warum nicht immer ausreichend für eine Veränderung, vor allem wenn man es mit unerwünschtem, automatisiertem Verhalten zu tun hat. Hier arbeiten wir im ZRM mit den Wenn-Dann-Plänen."

Wenn-Dann-Pläne

Diese Methode ist wie auch das Priming ursprünglich keine Erfindung des ZRM. Die Art und Weise, wie wir mit Wenn-Dann-Plänen arbeiten, stellt jedoch eine Neuerung dar. Professor Peter Gollwitzer, der an den Universitäten Konstanz und New York lehrt, hat in Hunderten von Studien die Wirksamkeit der Wenn-Dann-Pläne nachgewiesen und aufgezeigt, dass man mit dieser Methode einen Sofortautomatismus für ein erwünschtes Verhalten erstellen kann (Gollwitzer & Öttingen, 2013). Gallo und Kollegen (2009) untersuchten die Wirkung von Wenn-Dann-Plänen auf die Unterdrückung unerwünschter emotionaler Reaktionen. Personen, die Wenn-Dann-Pläne formuliert hatten, waren eher in der Lage, Gefühle wie Ekel und Angst vor Spinnen zu unterdrücken, als die Personen, die nur einen Verhaltensvorsatz hierzu formuliert hatten. Gemeinsam mit seinen Mitarbeitern untersuchte Gollwitzer (Keller, Bieleke & Gollwitzer, 2019) die Wirksamkeit der Wenn-Dann-Pläne in einer sogenannten Metaanalyse. Bei einer Metaanalyse handelt es sich einfach gesagt um eine Zusammenfassung der Ergebnisse vieler einzelner Studien, die mittels statistischer Verfahren miteinander in Zusammenhang gebracht werden. Bei der Untersuchung von 94 Studien mit insgesamt 8.461 Teilnehmenden zeigte sich, dass die Wirksamkeit und Umsetzungswahrscheinlichkeit bei Wenn-Dann-Plänen um einiges höher liegt als bei einfach formulierten Verhaltensvorsätzen.

Die Arbeit mit Wenn-Dann-Plänen eignet sich hervorragend für den Umgang mit unerwünschten Automatismen. Wenn-Dann-Pläne haben die sprachliche Form:

Wenn X passiert, **dann** mache ich Y.

Diese sprachliche Formulierung wird von unserem Unbewussten extrem gut verarbeitet und erzeugt einen Sofortautomatismus.

Auf den ersten Blick erscheinen die Wenn-Dann-Pläne sehr einfach, es gibt allerdings ein paar wichtige Punkte, die beachtet werden müssen, damit ein Wenn-Dann-Plan zuverlässig funktioniert.

- Es ist wichtig, den Wenn-Dann-Plan einmal im Ganzen aufzuschreiben und unbedingt an das Wenn und vor allem auch an das Dann zu denken. Immer wieder kommt es vor, dass Menschen Wenn-Dann-Pläne formulieren und das Dann nicht hinschreiben.

„Ich bin mir nicht sicher, ob ich Sie richtig verstehe. Können Sie ein Beispiel geben?“, fragt David. „Aber gerne: *Wenn mein Gegenüber kritisch guckt, konzentriere ich mich auf mich und das, was ich sagen will.* Das wäre so ein Beispiel für das fehlende Dann. Die korrekte Formulierung lautet:

Dieses Dann geht wirklich sehr schnell vergessen." Bruno schmunzelt. „Ich habe mir dafür eigens einen Wenn-Dann-Plan formuliert, der folgendermaßen lautet":

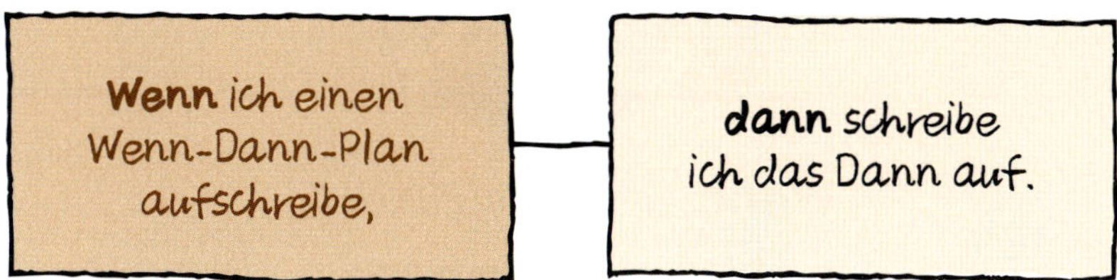

- Für das Selbst ist es wesentlich, dass im Wenn-Teil möglichst konkret beschrieben ist, wann es mit der Aktion starten soll. Es muss hundertprozentig Bescheid wissen, wann es anspringen soll. Dazu ist es wichtig, dass ein sogenanntes Vorläufersignal identifiziert wird, etwas das in der Außen- oder Innenwelt auftaucht, bevor der unerwünschte Automatismus ausgelöst wird.

„Hhhm, also etwas, das ich bemerke, bevor ich sprachlos werde, sehe ich das richtig?", fragt David konzentriert. „Ja, genau. Wie Sie die Situation beschrieben haben, ist ein Vorläufersignal das Thema Tod. Und in Ihrer Beschreibung ist mir noch etwas aufgefallen: der mitleidige Blick Ihrer Frau. Wir könnten diese beiden Vorläufer im Wenn-Teil miteinander verbinden, zum Beispiel *Wenn Linda mitleidig blickt und meinen Tod anspricht* ... Was halten Sie davon, ist das für Sie konkret genug?" David bejaht und fügt an: „Aber was soll ich denn dann machen? Damit ich eben nicht sprachlos werde?" Bruno schlägt David einen Ideenkorb für den Dann-Teil vor.

Ideenkorb für Wenn-Dann-Plan

Wenn Linda mitleidig blickt und meinen Tod anspricht, …

Dann warte ich einen Moment, nicke und sage ihr „Fang' du bitte an".

Dann bleibe ich ruhig und atme tief durch.

Dann schließe ich meine Augen und atme ruhig.

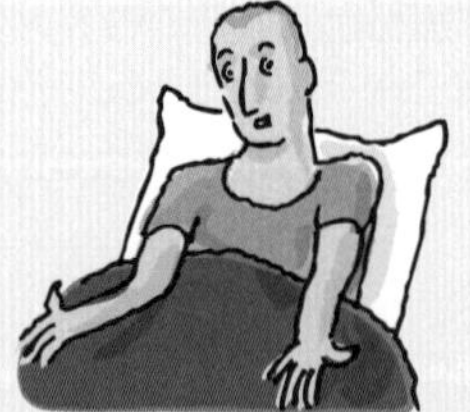

Dann sage ich „ja, lass uns darüber reden, auch wenn es mir sehr schwerfällt".

Dann ignoriere ich ihren Blick, schaue sie liebevoll an und fange an zu sprechen.

David formuliert mithilfe dieser Ideen seinen Wenn-Dann-Plan. Da er heute nicht so bei guter Kraft ist, lässt er diesen von Bruno einmal als Ganzes auf ein Blatt Papier schreiben:

Wenn Linda mitleidig blickt und meinen Tod anspricht, **dann** bleibe ich ruhig, atme tief durch und sage „ja, lass uns reden".

Für die Arbeit mit den Wenn-Dann-Plänen ist es weiter wichtig, dass das Selbst mit dem Plan einverstanden ist. Mit einem Wenn-Dann-Plan macht man sich selbst nicht zu einem willenlosen Roboter, sondern erhöht die Wahrscheinlichkeit, dass das gewünschte Verhalten ausgelöst wird. Dazu ist es aber wichtig, dass dieses Verhalten auch wirklich gewünscht ist – und zwar nicht nur vom Verstand, sondern auch vom eigenen Selbst. Ist man sich unsicher, ob das Selbst bei dem neuen Verhalten mit im Boot ist, kann wie immer die Affektbilanz zu Rate gezogen werden.

„Ich habe noch ein anderes Thema, das ich gerne mit den Wenn-Dann-Plänen bearbeiten würde, wenn das geht. Wie Sie ja wissen, bekomme ich in den letzten Tagen immer öfter diese Atemnot. Es beginnt immer ganz undramatisch. Aber das steigert sich dann binnen weniger Minuten, und dann ist sie da, die Panik. Ich habe den Eindruck, die Attacken werden immer unerträglicher, und ich fühle mich, als ob ich keinerlei Einfluss mehr auf mein Denken und meinen Körper hätte. Naja, Ihre Kolleginnen von der Pflege empfehlen mir ja dieses Fentanyl." David holt ein Pumpfläschchen Nasenspray aus seiner Schublade hervor. „Und das hilft auch! Aber ich möchte gerne wissen, ob ich zusätzlich auch aus eigener Kraft etwas gegen die Attacken tun kann." Bruno nickt und sagt David, dass sie dazu sehr gut mit den Wenn-Dann-Plänen arbeiten können.

Nach der Konkretisierung des Wenn-Teils und der Sammlung von Ideen für den Dann-Teil notiert Bruno für David den folgenden Wenn-Dann-Plan:

Wenn meine Luft eng wird, **dann** öffne ich meine Brust und lasse den Atem ruhig fließen.

„Wie oft am Tag muss ich mir meine Wenn-Dann-Pläne denn vergegenwärtigen? Und muss ich sie auswendig lernen? Was ist, wenn ich da ein Durcheinander mache und mich nicht erinnern kann?“, fragt David sorgenvoll. „Keine Sorge“, antwortet Bruno, „Wenn-Dann-Pläne muss man nicht auswendig lernen. Entweder man schreibt den gesamten Wenn-Dann-Plan in einem Zug auf, simuliert ihn mental oder sagt ihn laut vor sich hin. In seinen Studien hat Professor Gollwitzer immer eine dieser drei Möglichkeiten für die Studienteilnehmenden gewählt, und alle funktionieren. Sie können also wählen, ob Sie Ihre Wenn-Dann-Pläne mental oder laut vor sich hersagen.“ Durch das Schreiben, Simulieren oder laut Aufsagen wird der Plan im Selbst verankert und abgespeichert. Taucht dann das X des Wenn-Teils in der Außen- oder Innenwelt auf, wird das Y des Dann-Teils automatisch aktiviert.

Bei der Arbeit mit David wurden die Wenn-Dann-Pläne mit einfachem Verhalten im Dann-Teil beschrieben. Es besteht jedoch auch die Möglichkeit, im Dann-Teil das Selbst zu aktivieren. Dieses Vorgehen hat den Vorteil, dass der Besitzer nicht auf ein konkretes Verhalten festgelegt ist, sondern aus seiner Haltung situativ-angepasst mit verschiedenen Verhaltensweisen reagieren kann, die in dieser Situation am stimmigsten und sinnvollsten sind. Anhand von Beispielen unserer bisherigen Protagonisten zeigen wir Ihnen Möglichkeiten auf, Wenn-Dann-Pläne mit der Aktivierung des Selbst zu kombinieren.

Wenn-Dann-Pläne

Wenn ich Angst vor dem weiteren Verlauf meiner Krankheit habe,

dann stelle ich mir vor, wie ich auf meinem weißen Elefanten in die Abendsonne reite.

Wenn ich mir Sorgen mache, dass ich zu wenig da bin für meine Mutter,

dann denke ich an unsere Tessiner Wanderung und bin stark, ruhig und gelassen.

Wenn ich den Ball an mich reißen will,

dann achte ich auf das Zusammenspiel und aktiviere meine helle Leichtigkeit.

Praxisteil B
Professionelle Begleiter in Palliative Care

Die in den vorangegangenen Kapiteln beschriebenen ZRM-Methoden eignen sich, wie gesagt, auch für das Selbstmanagement von professionell Tätigen. In diesem letzten Kapitel werden nun noch zwei weitere ZRM-Methoden vorgestellt, die Arbeit mit Iconics sowie eine bestimmte Aufmerksamkeitstechnik, um das neue neuronale Netz zusätzlich zu stärken.

Als Palliativpsychologe engagiert sich Bruno – neben seiner klinischen Arbeit mit Patienten und Angehörigen – auch in der Teambegleitung seiner Kollegen. In diesem Rahmen nimmt Eva Brunos Angebot an, dass auch die Mitarbeiter des SAPV-Teams sich jederzeit an ihn wenden können. Eva, eine Krankenpflegerin mit Palliative-Care-Weiterbildung, arbeitet seit acht Jahren mit viel Herzblut und Leidenschaft in der spezialisierten ambulanten Palliativversorgung, im selben Team, in dem auch Bruno tätig ist.

Professionelle Nähe

Eva hat sich bereits über die Bilder des Online-Tools und mit der Unterstützung von Bruno ein Motto-Ziel für ihre professionelle Haltung im palliativen Bereich erarbeitet. Ihr Bild ist die Insel mit Strand. Mit ihren Lieblingsideen „auftanken, abschalten, Ruhe, Sonne und Strand“ hat sie folgendes Motto-Ziel gebildet:

Ich gönne mir Strandzeit, schalte in Ruhe ab und tanke Sonne auf.

„Durch mein Motto-Ziel habe ich gemerkt, dass bei mir das Bedürfnis nach Abgrenzen im Fokus steht. Ich habe in letzter Zeit festgestellt, dass es mir immer schwerer fällt, Erlebnisse, die bei der Arbeit passiert sind, nicht mit nach Hause zu nehmen. Es passiert immer häufiger, dass ich nachts wach werde und an Patienten und ihre Angehörigen denke und dann nicht mehr einschlafen kann."

Eva hat sich zu ihrem Motto-Ziel auch schon einige Erinnerungshilfen zugelegt, die ihr neues neuronales Netz stärken und festigen. Dabei hat sie sich vor allem Erinnerungshilfen angeschafft, die sie bei sich zu Hause aufgestellt hat. „Es geht mir ja vor allem um das Abschalten, wenn ich daheim bin. Dort will ich meine Strandzeit nehmen und Sonne auftanken. Aber irgendwie habe ich das Gefühl, dass ich noch etwas für meine Arbeitssituation an sich bräuchte. Für diese professionelle Distanz, wie man so schön sagt."

Eva schiebt ihre Brille zurecht. „Vor ein paar Monaten hat mir eine Kollegin erzählt, dass ihr in einem Seminar gesagt wurde, sie solle sich zwischen ihr und den Patienten und deren Angehörigen eine blaue Wand vorstellen, damit sie die Erlebnisse nicht so nah an sich heranlässt." Eva zieht nachdenklich die Augenbrauen zusammen. „Ich habe das wirklich versucht, aber irgendwie funktioniert das bei mir nicht."

„Also“, setzt Bruno an, „ich verwende da viel lieber den Begriff der ‚professionellen Nähe‘. Du weißt ja: Als professionelle Begleitende sind wir immer mittendrin im Geschehen. Auch emotional. Und das müssen wir vermutlich auch, um helfen zu können. Ohne emotionale Nähe keine Empathie, ohne Empathie keine Unterstützung.“ Eva nickt nachdenklich. „Es geht also zuallererst um Nähe? Aber die sollte möglichst professionell erfolgen, richtig?“

Vertiefung: Palliative Haltung

Tatsächlich lässt sich in der Arbeit mit Sterbenden vieles zum „richtigen Abstand“ sagen. Dass die Haltung des Mitleids Begleitende aller Berufsgruppen an innere Grenzen bringen kann, ist eine häufig geteilte Erfahrung – insbesondere für Neueinsteiger in Palliative Care. Obwohl das Schicksal der Betroffenen allen Grund gibt, Mitleid zu empfinden, heißt Mitleid immer, dass man sich mit dem Patienten identifiziert. In der Folge führt dies dann dazu, dass die Begleitenden selbst beschwert sind. Sie sind so sehr in Resonanz gegangen, dass sie ihre Unabhängigkeit, ihre Handlungsfähigkeit und ihre therapeutische Kraft verlieren. Von diesem Erleben eingeschüchtert, passiert es dann manchmal, dass auch die engagiertesten Profis sich auf eine formale Anteilnahme zurückziehen („Nie wieder lass’ ich Patienten so nah an mich ran!“). Neben dem Mitleid und der Anteilnahme gibt es aber auch eine dritte Möglichkeit: Die Einfühlung – auch Empathie genannt – wählt in gewisser Weise den Mittelweg. Den Weg einer gesunden Durchlässigkeit. Anstatt mich beschweren zu lassen, lasse ich mich berühren. Ich bleibe schwingungsfähig, ohne aber ganz in der Schwingung des Gegenübers aufzugehen. Die „richtige“ Haltung in der Palliativversorgung – die sogenannte palliative Haltung – wird in diesem Zusammenhang vielfach beforscht und diskutiert (Simon, Ramsenthaler, Bausewein, Krischke & Geiss, 2009; Sinclair, Jaggi, Hack, McClement, Raffin-Bouchal & Singh, 2018).

Mit Iconics arbeiten

In Situationen, wo es um das Annehmen einer professionellen Nähe geht, kann die Arbeit mit Iconics unterstützend wirken. Bei dieser Methode werden in der Umwelt Bilder imaginiert, die Iconics. Auch diese ZRM-Methode hat ihren Ursprung in der Forschung. Professor Walter MISCHEL untersuchte mit dieser Technik in einem Experiment das Durchhaltevermögen von Kindern (MOORE, MISCHEL & ZEISS, 1976). Die Kinder wurden nach dem Zufallsprinzip der Versuchsgruppe oder der Kontrollgruppe zugeteilt und nahmen einzeln am Experiment teil. Zu Beginn wurde jedes Kind gefragt, was es am liebsten isst: Marshmallows, Cookies oder Salzbrezeln. Nachdem der Favorit bekannt war, wurde das Kind in einen Raum gebracht, in dem sich nur ein Tisch und ein Stuhl befanden. Auf dem Tisch lag ein Teller mit dem ausgewählten Lieblingssnack. Der Versuchsleiter gab dem Kind folgende Anweisung: „Ich werde jetzt für ein paar Minuten den Raum verlassen. Wenn ich zurückkomme und du deinen Lieblingssnack nicht gegessen hast, dann bekommst du als Belohnung noch mal einen davon. Wenn der Teller jedoch leer ist, bekommst du keinen zweiten." Bei der Versuchsgruppe fügte er noch folgenden Satz hinzu: „Stell dir einen Bilderrahmen um den Teller vor." Dann verließ der Versuchsleiter den Raum, und das Kind war allein. Das Zimmer war mit versteckten Kameras ausgestattet, um so das Verhalten der Kinder beobachten zu können. Bei dem Experiment ging es darum, ob die Kinder so lange mit dem Verzehr warteten, bis der Versuchsleiter den

Raum nach 15 Minuten wieder betrat. Die Kinder, die sich einen Bilderrahmen um den Teller vorstellten, konnten mehrheitlich warten, bis der Versuchsleiter zurückkam. In der Kontrollgruppe hingegen schafften es die wenigsten, der Versuchung zu widerstehen.

Die Anwendung des „Iconic-Bilderrahmens" hat dazu geführt, dass die Kinder der Versuchsgruppe viel besser der Versuchung widerstehen konnten. Wie konnte das gelingen, was passierte dabei im Gehirn? Die Anweisung, sich bildhaft etwas vorzustellen, richtet sich direkt ans Selbst. Das Selbst sieht die Versuchung auf dem Teller in einem Bilderrahmen abgebildet und sagt sich: „Bäh, das ist ein Bild, ein Foto auf Papier, das kann man nicht essen!"

Was Kindern hilft, mit einer Situation besser umzugehen, kann auch Erwachsenen helfen. Die Vorstellung der blauen Wand, von der Evas Kollegin erzählte, ist auch ein Iconic. Jedoch kein von Eva individuell gebildetes und gewähltes Iconic. Die Arbeit mit den Iconics funktioniert umso besser, je höher die Beteiligung des Selbst ist. Bei der Arbeit mit den Iconics ist es von Vorteil, in der Welt des Motto-Ziels zu bleiben.

Damit für Eva die Arbeit mit den Iconics greifbarer wird, erzählt ihr Bruno von seiner eigenen Arbeit mit dem ZRM. „Ich habe damals in meiner Ausbildung zum ZRM-Coach auch, wie du jetzt, zum Thema ‚professionelle Haltung in der Palliativversorgung' gearbeitet. Mein Selbst wählte sich das Bild des Bergsteigers, und mein Motto-Ziel ist: *Mutig und stark begleite ich voller Demut in unendliche Weiten.* Nachdem ich mein Motto-Ziel gebildet hatte, stellte ich fest, dass das gewählte Bild für mich nur der Ausgangspunkt zu etwas viel Größerem war. Der Himmel beziehungsweise das Universum mit seinen unendlichen Weiten war der entscheidende Punkt für die Bildwahl, nicht der Bergsteiger. Für das Priming habe ich mir dann im Internet Bilder vom Universum gesucht, und als wir zur Methode des Iconic kamen, tauchte vor mir das Bild eines Astronauten auf. Ich erzähle dir das, damit du weißt, dass die Arbeit mit dem ZRM und den Bildern nicht immer geradlinig verlaufen muss. Das ZRM aktiviert das Selbst – ist dieses einmal aktiviert, so können von selbst weitere Ideen und Bilder auftauchen. Ich habe dann meine Primes um den Astronauten erweitert. Beispielsweise habe ich als Weck- und Klingelton das Lied von Udo Lindenberg ‚Der Astronaut muss weiter' installiert. Der Astronaut und vor allem auch sein Anzug unterstützen mich dabei, die professionelle Nähe auf die Art und Weise zu leben, die für mich gut ist. Dabei ist mein Raumanzug gleichzeitig Schutz und die Möglichkeit, mich in den unendlichen Weiten frei zu bewegen." Eva ist sichtlich bewegt, als sie den Erzählungen von Bruno zuhört, und blickt auf ihr Strandbild.

„Also, frag' mich jetzt bitte nicht warum, aber während du mir von dieser Methode erzählt hast und dein Beispiel gegeben hast, ist in mir die Vorstellung aufgetaucht, wie ich mir einen Neoprenanzug anziehe, ins Meer hinausgehe und untertauche." Eva schaut nachdenklich. „Vielleicht liegt das aber auch nur daran, dass ich deinen Raumanzug toll finde und ich leidenschaftliche Taucherin bin. Oder?" Bruno beruhigt Eva und sagt ihr, dass es nicht darauf ankommt, wie das Iconic zustande kommt, wichtig ist nur, dass es ihr gut gefällt und sinnhaft für sie ist. Er fragt Eva, auf welche Weise das Iconic „Neoprenanzug und Unterwasserwelt" für ihr Thema der professionellen Nähe hilfreich ist. „Das ist einfach. Bevor ich mit meiner Arbeit beginne, stelle ich mir vor, wie ich mir einen Neoprenanzug anziehe. Ein Neoprenanzug ist ein Schutz beim Tauchen, aber er ist nicht völlig dicht. Er lässt mich die Wassertemperatur und meine Umgebung wahrnehmen und spüren, er ist wie eine zweite Haut, eine Schutzhaut." Eva lächelt bei diesem Gedanken. „Dann tauche ich ein in die andere Welt, bewege mich mit Schwerelosigkeit und Ruhe. Beim Tauchen ist es wichtig, gleichmäßig und ruhig zu atmen. Dieses Iconic erlaubt mir, bei meiner Arbeit ruhig da zu sein, Anteil zu nehmen und in Kontakt zu gehen. Ich bin mittendrin, aber doch irgendwie bei mir. Das gefällt mir sehr gut. Nach der Arbeit tauche ich wieder auf, ziehe meinen Anzug aus und lege mich

an meinen Strand.“ Eva schaut ruhig in die Ferne. „Ich glaube, dieses Iconic wird mich bei meiner professionellen Distanz unterstützen.“

Um das entstandene Iconic zu festigen, formuliert Eva mit Brunos Hilfe noch ein paar Wenn-Dann-Pläne, die in konkreten Arbeitssituationen ihr Iconic mit dem Taucher aktivieren sollen.

Wenn-Dann-Pläne

Wenn ich das Zimmer eines Patienten betrete,

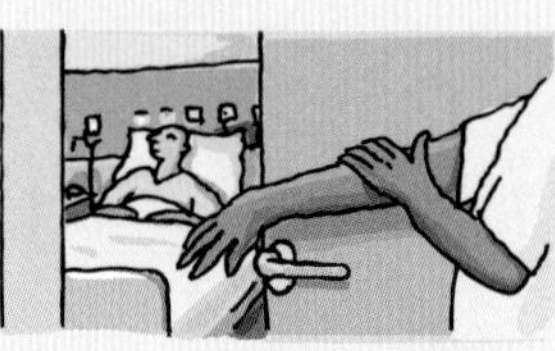

dann streiche ich mir über meinen Neoprenanzug.

Wenn eine angehörige Person zu weinen beginnt,

dann atme ich ruhig und schwebe im Hier und Jetzt.

Wenn ich meine Haustüre aufschließe,

dann ziehe ich mir als Erstes meinen Neoprenanzug aus und lege mich fünf Minuten in die Sonne.

Aufmerksamkeit auf Gelingendes

„Nun kommen wir noch zu einer letzten Methode, die ich dir vorstellen möchte. Mit dieser Methode hast du nebst Priming die Möglichkeit, dein Motto-Ziel-Netz zusätzlich zu stärken und zu festigen – und zwar ohne großen Aufwand." Eva lächelt neugierig und bittet Bruno fortzufahren.

Der Neurobiologe Gerald HÜTHER (2010) nennt zwei Bedingungen, um neuronale Verbindungen zu stärken. Erstens durch häufiges Benutzen – dies machen wir im ZRM mittels Priming. Und zweitens durch erfolgreiches Benutzen. Das Motto-Ziel ist aufgrund seiner stark motivierenden Kraft im Selbst gespeichert. Durch die unbewusste Aufmerksamkeitsform der Wachsamkeit kann in vielen Fällen die neue, gewünschte Kompetenz bereits jetzt schon erfolgreich gelingen. Dies läuft dann automatisch und somit unterhalb der Bewusstseinsschwelle ab. Wie im Theorieteil beschrieben, verstärkt die Wachsamkeit des Selbst Informationen in der Umgebung, die zum Motto-Ziel passen. Das ist einerseits hervorragend, da es dafür keiner bewussten Konzentration auf das Motto-Ziel bedarf. Andererseits birgt diese automatische Aktivierung des Motto-Ziels die Gefahr, dass eine Person mit ihrem bewussten Verstand gar nicht registriert, dass sie soeben im Sinne des Motto-Ziels neu gehandelt oder sich neu gefühlt hat.

„Ich glaube, ich hatte schon solche Situationen, von denen du hier erzählst“, meldet sich Eva zu Wort. „Aber das waren nur kleine Sachen, nicht der Rede wert“, winkt sie ab. Bruno ermuntert sie, ein Beispiel zu nennen, egal wie klein die Situation war. „Das war neulich beim Abendessen mit meinem Partner Thomas. Wir saßen zusammen, und auf einmal lächelte er mich an. Ich fragte ihn, was los sei, und er meinte, dass das seit langem wieder ein Abendessen sei, bei dem ich nichts von der Arbeit erzählen würde und er das Gefühl habe, dass es einmal nur um uns beide geht.“ Eva lächelt. „Aber weißt Du, das war ja nicht wirklich schwer, da wir an diesem Abend über unseren nächsten Urlaub sprachen und überlegten, welchen Tauchspot wir als Nächstes entdecken wollen.“ Bruno klatscht mit den Händen. „Das ist doch ein ganz schönes Beispiel, liebe Eva! Vor allem, weil Thomas bemerkt hat, dass dies schon so lange nicht mehr vorgekommen ist, und du offensichtlich richtig abgeschaltet hast. Super!“

In diesen Situationen ist wesentlich, dass man sich anders fühlt oder anders verhält als bisher. Oftmals ist dies einem selbst gar nicht bewusst, weil es eben automatisch abläuft. Diese Situationen kommen einem selbst einfach vor, da das Motto-Ziel automatisch und ohne bewusstes Zutun aktiviert ist. Weil diese Situationen als „einfach“ wahrgenommen werden, werden sie oftmals von den Betroffenen abgetan als: Das war doch nichts, das kann doch jeder! So ist es aber nicht. Neurobiologisch ist es eine großartige Leistung, die gewürdigt werden soll. Das Gehirn ist schon jetzt in der Lage, Situationen zu erkennen, bei denen es das neue neuronale Netz aktivieren kann. Damit aber nicht genug. Das Gehirn schafft es auch noch, sich gegenüber alten Verhaltensweisen, die im Gehirn in alten, gut gebahnten Netzen abgespeichert sind, durchzusetzen.

Da der Umgang mit den Motto-Zielen für viele Menschen etwas Neues ist, wird eine Handlung oftmals nur dann als „echter“ Erfolg bewertet, wenn sie mit Mühsal, Arbeit, Kraftaufwand und Anstrengung verbunden war. Die automatische, störungsfreie, anstrengungslose Form, in der das Selbst die Handlungen steuert, wird deshalb oft gar nicht als Erfolg wahrgenommen und bewertet.

Das bewusste Wahrnehmen der Aktivierung des Motto-Ziels ist jedoch für die Stärkung des neuen Netzes und somit für das Lernen enorm wichtig. Bei einem bewusst gemachten Erfolgserlebnis wird im Gehirn der Transmitterstoff Dopamin freigesetzt. „Das Dopamin-System bildet die Grundlage unseres Antriebs- und Motivationssystems“ (ROTH, 2013, S. 86). Die Ausschüttung von Dopamin kann als interne Belohnung für erfolgreiches Problemlösen angesehen werden. Aus der Hirnforschung weiß man inzwischen, dass Dopamin der Stabilisierung von Lernvorgängen dient. Dopamin ist also ein Gratisdünger für das neue neuronale Netz. Das einzige, das man dafür machen muss, ist, die Situationen zu bemerken und sich dafür zu loben. Dafür kann man sich ruhig selbst auf die Schulter klopfen und zu sich sagen:

„Ich erzähle dir jetzt noch eine Geschichte für die Stärkung deiner Aufmerksamkeit:

> Im alten Orient lebte einmal ein weiser alter Mann. Eines Tages kamen drei Männer zu ihm und sagten: ‚Oh Meister, du bist immer so zufrieden und ausgeglichen. Erzähle uns, was ist das Geheimnis deiner Zufriedenheit?' Der weise Alte lächelte milde: ‚Dieses Geheimnis werde ich euch gerne erzählen. Jeden Morgen, wenn ich aufstehe, nehme ich eine Handvoll rote Bohnen in meine linke Hosentasche und jedes Mal, wenn mir am Tag etwas Schönes passiert, ich mich glücklich oder zufrieden fühle, dann nehme ich eine rote Bohne aus meiner linken Hosentasche und stecke diese Bohne in meine rechte Hosentasche. Und abends, bevor ich schlafen gehe, nehme ich die Ernte des Tages aus meiner rechten Hosentasche, erinnere mich an jeden schönen Moment, für den die Bohnen stehen, und so schläft jeden Abend ein zufriedener, glücklicher Mensch ein.'"

Bruno macht eine Pause und nickt: „Du kannst diese Technik für dich übernehmen. Allerdings ist es wichtig, dass du dich nicht generell, wenn du glücklich und zufrieden bist, mit der Bohne belohnst, sondern dann, wenn du dich anders gefühlt oder anders verhalten hast – nämlich im Sinne deines Motto-Ziels.

Durch diese Technik lernt das Gehirn Folgendes: Aha, das war gut, was ich gerade gemacht habe. Ich habe als Belohnung dieses leckere Dopamin bekommen. Dann gucke ich gleich mal, wo die nächste Situation ist, bei der ich dieses Netz aktivieren kann. Das Gehirn wird dann immer häufiger dieses ‚gute' Netz aktivieren, und du wirst immer mehr gelungene Situationen für dich verbuchen können."

„Aber muss ich denn unbedingt rote Bohnen nehmen? Ich merke, dass das meinem Selbst nicht so gut gefällt", meint Eva besorgt. „Auf keinen Fall! Toll, dass du das bemerkt hast bei dir, das heißt, der Zugang zu deinem Selbst funktioniert schon richtig gut", strahlt Bruno.

„Die Geschichte mit den roten Bohnen ist nur eine Aufmerksamkeitstechnik. Wie du in deinem Alltag deine Aufmerksamkeit auf gelingende Situationen richtest, bleibt ganz dir überlassen. Du kannst dir zum Beispiel auch ein Tagebuch zulegen, in das du deine Erfolge aufschreibst. Wenn du deinen Aufmerksamkeitsspeicher mit Priming an dein Motto-Ziel koppelst, kannst du dein Netz zusätzlich stärken. Ich sammle zum Beispiel ‚Sterne' in meinem Smartphone." Bruno zeigt Eva seinen eigens dafür angelegten Aufmerksamkeitsspeicher in seinem Smartphone. „Da bin ich jetzt beruhigt – und mein Selbst auch", lacht Eva. „Ich überlege mir noch, was für mich passend ist. Die Idee mit dem Tagebuch gefällt mir gut. Das kann ich dann ja als zusätzlichen Prime auf den Nachttisch legen. Und je nachdem, was ich an Aufklebern finde, werde ich dann Palmen oder Muscheln sammeln." Bruno nickt ihr bestätigend zu und sagt: „Lass deiner Fantasie freien Lauf, arbeite so, wie es zu dir passt. Für den Lernvorgang spielt es keine Rolle, ob du dich direkt in der Situation lobst oder erst im Nachhinein. Das Lob ist jedoch wichtig! Dadurch wird Dopamin ausgeschüttet und das Netz gestärkt. Im ZRM wird empfohlen, sich mindestens die ersten vier Wochen einmal am Tag fünf Minuten Zeit zu nehmen, rückblickend Situationen zu suchen und sich zu freuen."

Durch das konsequente Priming und die Aufmerksamkeit auf gelingende Situationen wächst das neue neuronale Netz kontinuierlich. Nach ein paar Wochen werden sich Situationen im Aufmerksamkeitsspeicher befinden, die zum jetzigen Zeitpunkt für das derzeitige Motto-Ziel-Netz noch zu schwer gewesen wären. Diese Art des selbstbestimmten Lernens ist im ZRM nicht so aufwändig, wie es vielleicht noch aus der Schulzeit bekannt ist. Primes besorgen und sich für gelungene Situationen loben, das ist schon alles.

Am Lebensende gestärkt …

David und Linda

Durch die ZRM-Methoden haben David und Linda ihre Kommunikation verbessert. Die alltäglichen Affektbilanzen zum Tag beugen Missverständnisse vor und vereinfacht den gegenseitigen Austausch. Die beiden konnten wichtige Themen bezüglich Davids Beerdigung und der finanziellen Absicherung der Familie besprechen. Davids Wenn-Dann-Plan zur Atemnot funktioniert gut, die Panikattacken haben abgenommen, und die Einnahme von Fentanyl konnte so verringert werden.

Lindas negative Gefühle gegenüber der SAPV sind weiter zurückgegangen. Dadurch war es ihr möglich, mehr Aufgaben an die SAPV abzugeben. Sie hat nun mehr Zeit für David, die Kinder und sich selbst.

Rosa und Kerstin

Kerstin hat ihr Arbeitspensum reduziert und achtet besser auf ihre Energien. Sie besucht ihre Mutter drei- bis viermal pro Woche im Hospiz – ohne Stressgefühle. Mittlerweile kann Rosa nicht mehr sprechen, und die Kommunikation verläuft mithilfe eines Computers über Augenbewegungen. Kerstin bringt Rosa regelmäßig frische Blumen mit und liest ihr vor. Sie hat im Internet mehrere Bücher bestellt, derzeit liest sie das Buch „Legende vom weißen Elefanten“ von Auguste de Villiers L’Isle-Adam vor, als Nächstes werden sie von Martin Suter „Elefant“ lesen.

Eva und Bruno

Eva hat mit ihrem Motto-Ziel und dem Iconic gelernt, die professionelle Nähe der palliativen Haltung für sie passend zu leben. Es gelingt ihr immer besser, nach der Arbeit abzuschalten, und sie hat nur noch ganz selten Nächte, in denen sie wach wird und an Patienten und ihre Angehörigen denkt.

Bruno arbeitet weiterhin in seinen beiden Teams der spezialisierten Palliativversorgung. Er steht für die Teambegleitung seiner Arbeitskolleginnen und -kollegen weiterhin zur Verfügung. Sein Astronaut ist stets an seiner Seite.

In Erinnerung an ...

... eine Patientin, zirka 50 Jahre, erkrankt an Neurofibromatose Typ II. Da sie nicht mehr in der Lage war, zu hören und zu sprechen, fand die Kommunikation mithilfe eines Computers statt. Das Motto-Ziel entstand am Ende ihres langen und zehrenden Krankheitsverlaufs. Kurz nach Rückkehr aus ihrem letzten Urlaub, wenige Monate bevor sie verstarb, schrieb sie folgenden Brief.

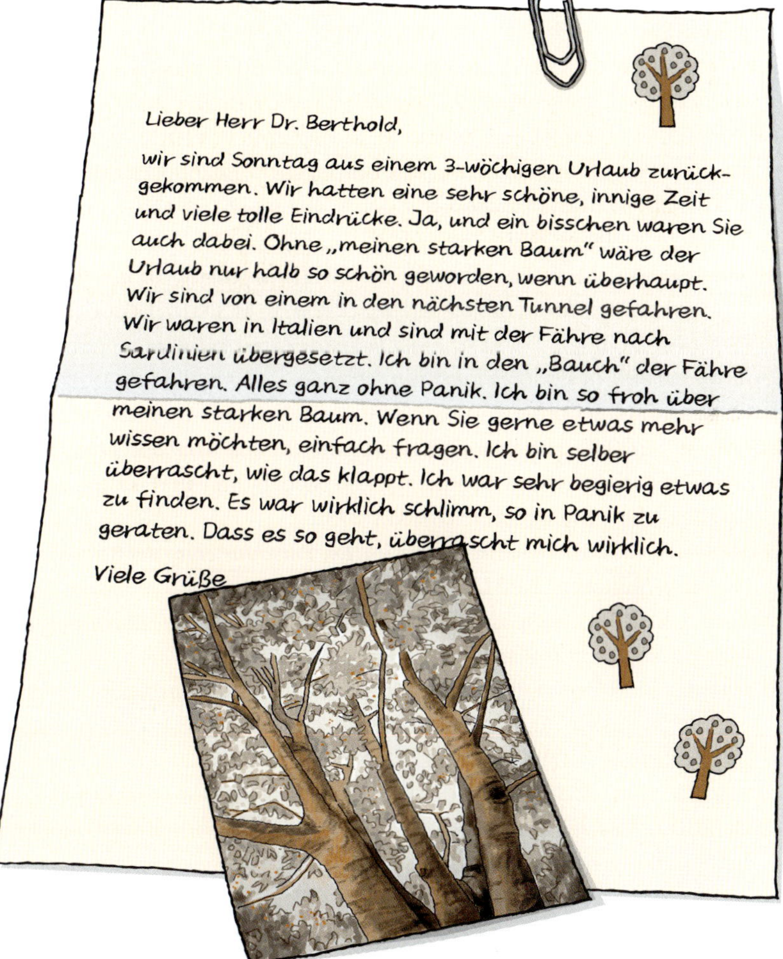

Lieber Herr Dr. Berthold,

wir sind Sonntag aus einem 3-wöchigen Urlaub zurückgekommen. Wir hatten eine sehr schöne, innige Zeit und viele tolle Eindrücke. Ja, und ein bisschen waren Sie auch dabei. Ohne „meinen starken Baum" wäre der Urlaub nur halb so schön geworden, wenn überhaupt. Wir sind von einem in den nächsten Tunnel gefahren. Wir waren in Italien und sind mit der Fähre nach Sardinien übergesetzt. Ich bin in den „Bauch" der Fähre gefahren. Alles ganz ohne Panik. Ich bin so froh über meinen starken Baum. Wenn Sie gerne etwas mehr wissen möchten, einfach fragen. Ich bin selber überrascht, wie das klappt. Ich war sehr begierig etwas zu finden. Es war wirklich schlimm, so in Panik zu geraten. Dass es so geht, überrascht mich wirklich.

Viele Grüße

Literaturverzeichnis

ADAM, H. & GALINSKY, A. D. (2012). *Enclothed Cognition.* Journal of Experimental Social Psychology, 48 (4), 918–925.

BERTHOLD, D. & GRAMM, J. (2019). *Transferarbeit: Psychotherapeutische Interventionen am Lebensende.* PiD – Psychotherapie im Dialog, 20 (1), 32–36.

BERTHOLD, D., GRAMM, J., GASPAR, M. & SIBELIUS, U. (2017). *Psychotherapeutische Perspektiven am Lebensende.* Göttingen: Vandenhoeck & Ruprecht.

BLOCK, S. D. (2006). *Psychological Issues in End-of-Life Care.* Journal of Palliative Medicine, 9 (3), 751–772.

BRANDSTÄTTER, M. & FISCHINGER, E. (2012). *Angehörige in der Palliativversorgung: Erwachsene, Kinder und Jugendliche.* In M. FEGG, J. GRAMM & M. PESTINGER (Hrsg.), *Psychologie und Palliative Care. Aufgaben, Konzepte und Interventionen in der Begleitung von Patienten und Angehörigen* (S. 38–47). Stuttgart: Kohlhammer.

BUCCI, W. (2005). *The interplay of subsymbolic and symbolic processes in psychoanalytic treatment.* Commentary on paper by Steven H. KNOBLAUCH. Psychoanalytic Dialogues, 15 (6), 855–873.

DAMASIO, A. (2003). *Ich fühle, also bin ich. Die Entschlüsselung des Bewusstseins* (4. Aufl.). München: Paul List Verlag.

DAMASIO, A. (2011). *Selbst ist der Mensch: Körper, Geist und die Entstehung des menschlichen Bewusstseins* (3. Aufl.). München: Siedler Verlag.

FERGUSON, M. & PORTER, S. (2009). *Goals and (implicit) attitudes: A social-cognitive perspective.* In G. MOSKOWITZ & H. GRANT (Eds.), *The Psychology of Goals* (pp. 447–479). New York: Guilford.

GALLO, I. S., KEIL, A., MCCULLOCH, K. C., ROCKSTROH, B. & GOLLWITZER, P. M. (2009). *Strategic automation of emotion regulation.* Journal of Personality and Social Psychology, 96 (1), 11–31.

GOLLWITZER, P. & ÖTTINGEN, G. (2013). *Implementation Intentions.* In M. GELLMAN & J. R. TURNER (Eds.), *Encyclopedia of Behavioral Medicine* (Vol. 9, pp. 1043–1048). New York: Springer.

GRONEMEYER, R. (2007). *Sterben in Deutschland: Wie wir dem Tod wieder einen Platz in unserem Leben einräumen können.* Frankfurt am Main: Fischer.

HAUK, O., JOHNSRUDE, I. & PULVERMULLER, F. (2004). *Somatotopic representation of action words in human motor and premotor cortex.* Neuron, 41, 301–307.

HIGGINS, E. T., RHOLES, W. S. & JONES, C. R. (1977). *Category accessibility and impression formation.* Journal of Experimental Social Psychology, 13, 141–154.

HÜTHER, G. (2010). *Bedienungsanleitung für ein menschliches Gehirn* (10. Aufl.). Göttingen: Vadenhoeck & Ruprecht.

KEENAN, J. P., NELSON, A., O'CONNOR, M. & PASCUAL-LEONE, A. (2001). *Self-recognition and the right hemisphere.* Nature, 409, 305.

KELLER, L., BIELEKE, M. & GOLLWITZER, P. M. (2019). *Mindset theory of action phases and if-then planning.* In K. SASSENBERG & M. L. W. VLIEK (Eds.), *Social psychology in action* (pp. 23–37). New York: Springer.

KRAUSE, F. & STORCH, M. (2017). *Ressourcen aktivieren mit dem Unbewussten. Manual für die Arbeit mit der ZRM-Bildkartei* (2. Aufl.). Bern: Hogrefe.

KUHL, J. (2001). Motivation und Persönlichkeit. Interaktionen psychischer Systeme. Göttingen: Hogrefe.

KUHL, J. (2005). *Spirituelle Intelligenz. Glaube zwischen Ich und Selbst* (2. Aufl.). Freiburg im Breisgau: Herder.

KUHL, J. (2006). *Sinn und Selbstregulation: Wann helfen und wann stören Gefühle?* In O. WIESMEYR & A. BATTYANI (Hrsg.), *Der Wille zum Sinn.* Weinheim: Beltz.

KUHL, J. (2010). *Lehrbuch der Persönlichkeitspsychologie. Motivation, Emotion und Selbststeuerung.* Göttingen: Hogrefe.

KUHL, J., QUIRIN, M. & KOOLE, S. (2015). *Being someone. The Integrated Self as a Neuropsychological System.* Social and Personality Compass, 9 (3), 115–132.

KUSCH, M., LABOUVIE, H. & HEIN-NAU, B. (2013). *Klinische Psychoonkologie.* Berlin: Springer Medizin.

LEDOUX, J. (2016). *Angst. Wie wir Furcht und Angst begreifen und therapieren können, wenn wir das Gehirn verstehen.* Wals bei Salzburg: Ecowin.

MOORE, B., MISCHEL, W. & ZEISS, A. (1976). *Comparative effects of the reward stimulus and its cognitive representation in voluntary delay.* Journal of Personality and Social Psychology, 34, 419–424.

PREISLER, M. & GOERLING, U. (2016). *Angehörige von an Krebs erkrankten Menschen.* Der Onkologe, 22 (5), 336–341.

ROTH, G. (2013). *Persönlichkeit, Entscheidung und Verhalten. Warum es so schwierig ist, sich und andere zu ändern* (8. Aufl.). Stuttgart: Klett-Cotta.

ROTH, G. & RYBA, A. (2016). *Coaching, Beratung und Gehirn. Neurobiologische Grundlagen wirksamer Veränderungskonzepte.* Stuttgart: Klett-Cotta.

SASSENBERG, K., MOSKOWITZ, G. B., FETTERMAN, A. & KESSLER, T. (2017). *Priming creativity as a strategy to increase creative performance by facilitating the activation and use of remote associations.* Journal of Experimental Social Psychology, 68, 128–138.

SIMON, S. T., RAMSENTHALEr, C., BAUSEWEIN, C., KRISCHKE, N. & GEISS, G. (2009). *Core attitudes of professionals in palliative care: A qualitative study.* International Journal of Palliative Nursing, 15 (8), 405–411.

SINCLAIR, S., JAGGI, P., HACK, T. F., MCCLEMENT, S. E., RAFFIN-BOUCHAL, S. & SINGH, P. (2018). *Assessing the credibility and transferability of the patient compassion model in non-cancer palliative populations.* BMC Palliative Care, 17 (1).

STORCH, M. (2011). *Das Geheimnis kluger Entscheidungen* (8. Aufl.). München: Piper.

STORCH, M. & KRAUSE, F. (2017). *Selbstmanagement – ressourcenorientiert. Grundlagen und Trainingsmanual für die Arbeit mit dem Zürcher Ressourcen Modell (ZRM)* (6., überarbeitete Aufl.). Bern: Hogrefe.

STORCH, M. & KUHL, J. (2012). *Die Kraft aus dem Selbst. Sieben PsychoGyms für das Unbewusste.* Bern: Huber Verlag.

STREHLAU, A. & KUHL, J. (2011). *Unterstützung von Persönlichkeitsentwicklung: Anwendung der Theorie der Persönlichkeits-Systeme-Interaktionen (PSI).* In V. BEGEMANN & S. RIETMANN (Hrsg.), *Soziale Praxis gestalten: Orientierungen für ein gelingendes Handeln* (S. 42–56). Stuttgart: Verlag W. Kohlhammer.

WEBER, J. (2013). *Turning Duty into Joy! Optimierung der Selbstregulation durch Motto-Ziele.* Dissertation, Universität Osnabrück.

WEBER, J. (2017). *Ich fühle, was ich will – Wie Sie Ihre Gefühle besser wahrnehmen und selbstbestimmt steuern.* Bern: Hogrefe.

WEBER, J. & STORCH, M. (2016). *Motivation und Zielbindung mit Motto-Zielen.* In S. GREIF, H. MÖLLER & W. SCHOLL (Hrsg.). *Handbuch Schlüsselkonzepte im Coaching* (S. 391–413). Springer, Heidelberg.

WEBER, J. & STORCH, M. (2017). *Das Zürcher Ressourcen Modell. Gefühlsregulation und Erzeugung von Sinn durch Motto-Ziele.* In D. BERTHOLD, J. GRAMM, M. GASPAR & U. SIBELIUS (Hrsg.). *Psychotherapeutische Perspektiven am Lebensende* (S. 359–373). Göttingen: Vandenhoeck & Ruprecht.

Autoren

Julia Weber, Dr. phil., Diplom-Pädagogin, Diplomstudium der Psychologischen Pädagogik in Zürich und Promotion in Psychologie an der Universität Osnabrück; seit 2011 Geschäftsführerin des Instituts für Selbstmanagement und Motivation Zürich (ISMZ GmbH); zertifizierte ZRM-Trainerin und ZRM-Coach für die Ausbildung von Trainern und Coaches in der Methode des ZRM Zürcher Ressourcen Modells; Arbeitsschwerpunkte sind u.a. Gefühlswahrnehmung und -regulation, Motivation und Ressourcenaktivierung; im palliativen Bereich praktische Erfahrungen mit Methoden des ZRM bei Mitarbeitern im Alters- und Pflegeheim, bei Eltern von an Duchenne erkrankten Kindern und in der Begleitung im Einzelsetting. Mitgliedschaften u.a. in der Deutschen Gesellschaft für Psychologie (DGPs) und der Deutschen Gesellschaft für Systemische Therapie, Beratung und Familientherapie (DGSF).

julia.weber@ismz.ch
www.ismz.ch

Daniel Berthold, Dr. rer. med., Diplom-Psychologe, Psychoonkologe (DKG), Palliativpsychologe (DGP). Studium der Psychologie in Wuppertal und Frankfurt am Main. Promotionsstipendium bei der Krebsforschung Rhein-Main e.V. Seit 2014 wissenschaftliche und klinisch-psychologische Tätigkeit an der Medizinischen Klinik V, Internistische Onkologie und Palliativmedizin, Universitätsklinikum Gießen und Marburg, Standort Gießen. Mitbegründer des Instituts für Palliativpsychologie, Friedberg. Dozent für Palliativmedizin u.a. an der Landesärztekammer Hessen. Lehraufträge u.a. an der Universität Frankfurt und Universitätsmedizin Mainz. Mitgliedschaften in der Deutschen Gesellschaft für Palliativmedizin e.V. (DGP), Internationalen Gesellschaft für Gesundheit und Spiritualität e.V. (IGGS), Deutschen Gesellschaft für Psychologie e.V. (DGPs).

daniel.berthold@innere.med.uni-giessen.de
www.daniel-berthold.de

Anzeigen